Lo último en Hipnosis para la Rápida Pérdida de Peso para Mujeres

Recupere la Confianza, Desarrolle la Autoconciencia, Entrene su Mente y comience Hábitos Alimenticios Saludables, Queme la Grasa con Meditaciones Guiadas y un montón de Afirmaciones

Robert Williams

© Derechos de Autor 2021 -
Todos los derechos reservados.

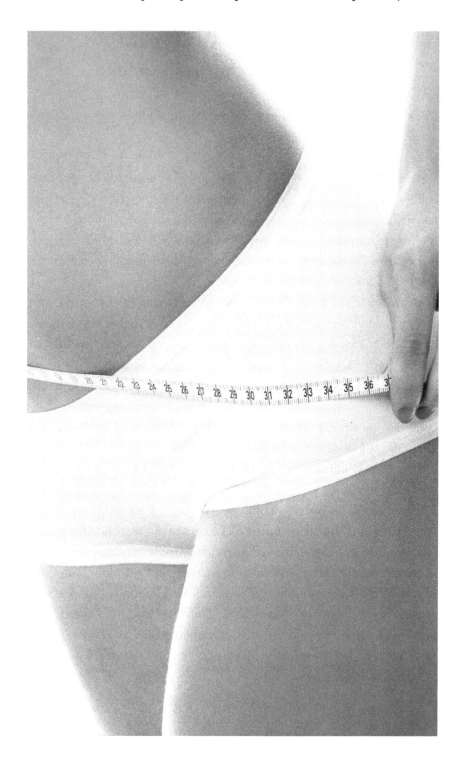

Índice de Contenidos

Introducción

La hipnosis de pérdida de peso extremadamente rápida en sí está diseñada para estimular el deseo de dormir y relajarse, de modo que su mente esté despejada para absorber los mensajes de pérdida de peso. Es un registro de hipnosis muy avanzado para bajar de peso, diseñado para que coma menos y no coma antes de irse a dormir. En realidad, esto es muy importante porque si come innecesariamente, su cuerpo no tiene suficiente tiempo (sueño) para digerirlo adecuadamente, por lo que a la larga puede causar problemas de salud crónicos. Esto no se aplica si tiene mucha hambre y come sin escuchar esta grabación, pero no con demasiada frecuencia.

¿Para qué es la Auto Hipnosis?

Fue Milton H. Erickson, fundador de la hipnoterapia moderna, quien dio una ilustración exhaustiva de los efectos y propósitos de la hipnosis y la auto hipnosis. El académico afirmó que esta práctica tiene como objetivo comunicarse con el subconsciente de los sujetos mediante el uso de metáforas e historias llenas de significados simbólicos (Tyrrell, 2014).

Si se aplica incorrectamente, la auto hipnosis ciertamente no puede dañar, pero puede no ser útil para lograr los resultados deseados, con el riesgo de no sentirse motivado para continuar una relación constructiva con el inconsciente. Sin embargo, para hacerlo de la manera más eficiente posible, debemos estar en un estado mental relajado. Entonces, en consecuencia, comenzamos con la relajación para atraer la atención hacia el interior, mientras suspendemos el control consciente. Luego insertamos sugerencias y afirmaciones en la mente inconsciente. Al final del tiempo asignado para el proceso, un procedimiento de despertar gradual facilita el retorno al estado de conciencia permanente. Cuando está tranquilo, su subconsciente es un 20-25% más programable que cuando está agitado. Además, alivia eficazmente el estrés (puede reparar mucha información y estímulos que entiende), ayuda a la regeneración, energiza, desencadena cambios fisiológicos positivos, mejora la concentración, lo ayuda a encontrar soluciones y lo ayuda a tomar las decisiones correctas. Si se alcanza el estado de trance consciente, entonces si el paciente logra dejarse llevar concentrándose en las palabras del hipnotizador, olvidándose progresivamente de los estímulos externos, entonces los parámetros fisiológicos sufren variaciones considerables. La confirmación proviene de la ciencia, y de hecho, se encontró que durante la hipnosis, el hemisferio izquierdo, el racional, disminuye su actividad a favor del hemisferio más creativo, el derecho (Harris, n. d.). Puede realizar la auto hipnosis de manera más rápida e inmediata, incluso durante las diversas actividades diarias después de haber experimentado el estado que necesita alcanzar durante la hipnosis. Una mejor comprensión de la comunicación con la mente inconsciente resalta cuán indispensable es nuestra colaboración para adentrarnos hacia el estado fuera de la conciencia ordinaria. En otras palabras, entramos en un estado alterado de conciencia porque lo deseamos, y toda forma de hipnosis, incluso si es inducida por otra persona, es siempre auto hipnosis.

Deseamos acceder al extraordinario poder de la creatividad inconsciente; para ello entendemos que es necesario dejar de lado por un tiempo el control de la mente racional y dejarnos adentrar por completo en la relajación y en el mundo mágico del inconsciente donde todo es posible.

Se pueden obtener inmensos beneficios de una relación que se vuelve natural y habitual con el propio inconsciente. La auto hipnosis favorece el surgimiento de respuestas constructivas desde nuestro ser, puede permitirnos conocernos mejor a nosotros mismos, nos ayuda a ser más conscientes de nuestro potencial, y a ser más capaces de expresarlo y utilizarlo para fomentar nuestro éxito en todos los campos de aplicación posible.

¿Cómo realizas la Auto Hipnosis?

Existen varias técnicas de auto hipnosis; sin embargo, todos se basan en un concepto: centrarse en una sola idea, objeto, imagen o palabra. Esta es la llave que abre la puerta al trance. Puede lograr el enfoque de muchas maneras, razón por la cual hay tantas técnicas diferentes que se pueden aplicar. Después de un período de aprendizaje inicial, aquellos que han aprendido un método y lo han continuado practicando, se dan cuenta de que pueden saltarse ciertos pasos. En esta parte, veremos las técnicas esenciales de auto hipnosis.

El Método Betty Erickson

Aquí resumiré los puntos más prácticos de este método de Betty Erickson, esposa de Milton Erickson, el hipnotizador más famoso de 1900.

Elija algo que no le guste de usted mismo. Conviértalo en una imagen y luego conviértalo en una imagen positiva. Si no le gusta la forma de su cuerpo, tome una foto de su cuerpo, luego conviértala en una imagen de su hermoso yo con un cuerpo que le gustaría tener. Antes de inducir la auto hipnosis, date un límite de tiempo antes de hipnotizarte mentalmente o mejor aún, diciendo en voz alta la siguiente oración: "Induzco la auto hipnosis durante X minutos". Tu mente tomará el tiempo como un reloj suizo.

¿Cómo lo Practicas?

Toma tres objetos a tu alrededor, preferiblemente pequeños y brillantes, como un pomo de puerta, un punto de luz en un cuadro, etc., y fija tu atención en cada uno de ellos. Tome tres sonidos de su entorno, tráfico, ruido de la nevera, etc., y fije su atención en cada uno. Tome tres sensaciones que está sintiendo, la picazón en la nariz, hormigueo en la pierna, la sensación de pasar aire por la nariz, etc. Es mejor usar sensaciones inusuales, a las que no se suele llamar la atención, como la sensación del pie derecho dentro del zapato. No fijes tu atención por mucho tiempo, solo lo suficiente para hacerte consciente de lo que estás viendo, sintiendo o probando. La mente es rápida. Luego, de la misma forma, cambia a dos objetos, dos sonidos, dos sensaciones. Esté siempre tranquilo, mientras cambia a un objeto, un sonido, una sensación. Si ha hecho las cosas correctamente, está en trance, listo para el siguiente paso.

Ahora deja que tu mente divague, como lo hiciste en clase cuando el profesor habló y miraste por la ventana, y estabas en otro lugar, en otro tiempo, en otro espacio, en un lugar donde te hubiera gustado estar, así que olvídate por completo de todo lo demás. Ahora recuerda la imagen inicial. Quizás la mente divague, de vez en cuando se distraiga, quizás se vaya a la deriva, pero no importa. Tan pronto como pueda, tome la imagen inicial y comience a trabajar en ella. No hagas esfuerzos para intentar recordarte lo que significa o es. Su mente trabaja de acuerdo con asociaciones mentales, déjela trabajar de la mejor manera sin perturbarla innecesariamente: ella sabe lo que debe hacer. Manipule la imagen, juegue un poco con ella. Vea si se ve más brillante, o si es más pequeño o es más agradable. Si es una imagen en movimiento, envíela de un lado a otro en cámara lenta o acelere. Cuando la imagen inicial siempre empeora, reemplácela instantáneamente con la segunda imagen.

CAPÍTULO 1:

Beneficios de la Hipnosis

Uso de la Hipnosis para Alentar Cambios Saludables en el Estilo de Vida

Además de ayudarlo a alentarse a comer de manera más saludable mientras se desalienta a comer alimentos poco saludables, también puede usar la hipnosis para ayudar a alentar la realización de cambios saludables en su estilo de vida. Esto puede ayudarlo con todo, desde hacer ejercicio con más frecuencia hasta adquirir pasatiempos más activos que respalden su bienestar en general.

También puede usar esto para ayudarlo a eliminar pasatiempos o experiencias de su vida que, en primer lugar, pueden fomentar hábitos dietéticos poco saludables. Por ejemplo, si tiende a tener atracones de comida cuando está estresado, puede usar la hipnosis para ayudarlo a navegar el estrés de manera más efectiva, de modo que sea menos probable que coma en exceso cuando se sienta estresado. Si tiende a comer cuando se siente emocional o aburrido, también puede usar la hipnosis para ayudarlo a cambiar esos comportamientos.

La hipnosis se puede usar para cambiar prácticamente cualquier área de su vida que lo motive a comer de manera poco saludable, o descuidar el cuidado personal hasta el punto en que se esté saboteando para perder peso de manera saludable. Realmente es una práctica increíblemente versátil en la que puede confiar y que le ayudará a perder peso, así como a crear un estilo de vida más saludable en general. Con la hipnosis, hay innumerables formas en que puede mejorar la calidad de su vida, lo que la convierte en una práctica increíblemente útil en la que puede confiar.

Los Beneficios de la Hipnoterapia para la Pérdida de Peso

Es difícil identificar el mejor beneficio que se obtiene al usar la hipnosis como una forma de perder peso. La hipnosis es un hábito de pérdida de peso natural, duradero y profundamente impactante que puede utilizar para cambiar por completo la forma en que aborda la pérdida de peso y la comida en general, por el resto de su vida.

Con la hipnosis, no ingieres nada que haga que la hipnosis funcione. En cambio, simplemente está escuchando meditaciones de hipnosis guiadas que lo ayudan a transformar la forma en que funciona su mente subconsciente. A medida que cambie la forma en que funciona su mente subconsciente, en primer lugar, se encontrará sin antojos o impulsos alimentarios poco saludables. Esto significa que ya no tendrá que luchar contra sus deseos, hacer dietas yo-yo, "caer en la tentación" o experimentar ningún conflicto interno en torno a sus patrones de alimentación o sus ejercicios de pérdida de peso que lo están ayudando a perder peso. En cambio, comenzará a tener una mentalidad y una perspectiva completamente nuevas sobre la pérdida de peso que lo llevarán a tener más éxito en perder peso y mantenerlo para siempre.

Además de que la hipnosis en sí es eficaz, también puede combinar la hipnosis con cualquier otra estrategia de pérdida de peso que esté utilizando. Los cambios en los comportamientos dietéticos, las rutinas de ejercicio, cualquier medicamento que pueda estar tomando con el consejo de su médico y cualquier otra práctica de pérdida de peso en la que esté participando se pueden realizar de manera segura con hipnosis. Al incluir la hipnosis en sus rutinas de pérdida de peso existentes, puede mejorar su eficacia y aumentar rápidamente el éxito que experimenta en sus patrones de pérdida de peso.

Finalmente, la hipnosis puede ser beneficiosa para muchas cosas más allá de la pérdida de peso. Uno de los efectos secundarios que probablemente notará una vez que comience a usar la hipnosis para ayudar a cambiar su experiencia de pérdida de peso es que también experimentará un aumento en su confianza, autoestima y sentimientos generales de positividad. Muchas personas que utilizan la hipnosis con regularidad se sienten más positivas y de mejor humor en general. Esto significa que no solo perderá peso, sino que también se sentirá increíble y tendrá un estado de ánimo feliz y positivo.

Si puede permitirse someterse a una serie de sesiones de hipnoterapia con un especialista, puede hacerlo. Esto es ideal, ya que trabajará con un profesional que puede guiarlo a través del tratamiento y también le brindará valiosos consejos sobre nutrición y ejercicios.

Hipnoterapia Clínica

Cuando se reúne por primera vez con un terapeuta, comienza por explicarle el tipo de hipnoterapia que está usando. Luego, hablará sobre sus objetivos personales para que el terapeuta pueda comprender mejor sus motivaciones.

La sesión formal comenzará con su terapeuta, hablando con voz suave y relajante. Esto le ayudará a relajarse y sentirse seguro durante toda la terapia.

Una vez que su mente esté más receptiva, el terapeuta comenzará a sugerir formas que puedan ayudarlo a modificar sus hábitos de ejercicio o alimentación, así como otras formas de ayudarlo a alcanzar sus objetivos de pérdida de peso.

Las palabras específicas o la repetición de frases particulares pueden ayudarlo en esta etapa. El terapeuta también puede ayudarlo a visualizar la imagen corporal que desea, que es una técnica eficaz en hipnoterapia.

Para finalizar la sesión, el terapeuta te sacará de la fase hipnótica y comenzarás a estar más alerta. Sus objetivos personales influirán en la duración de las sesiones de hipnoterapia, así como en el número total de sesiones que pueda necesitar.

La mayoría de las personas comienzan a ver resultados en tan solo dos o cuatro sesiones.

Hipnoterapia para Hacer Tu Mismo

Si no se siente cómodo trabajando con un hipnoterapeuta profesional o no puede pagar las sesiones, puede optar por realizar la auto hipnosis. Si bien esto no es tan efectivo como las sesiones con un profesional, aún puede probarlo y ver si puede ayudarlo con sus objetivos de pérdida de peso.

Estos son los pasos si desea practicar la auto hipnosis:

1. Crea en el poder del hipnotismo. Recuerde, este tratamiento alternativo requiere que la persona sea abierta y esté dispuesta. No funcionará para usted si su mente ya está en contra.

2. Busque una habitación cómoda y tranquila para practicar la hipnoterapia. Idealmente, debe encontrar un lugar que esté libre de ruido y donde nadie pueda molestarlo. Use ropa holgada y ponga música relajante para ayudar a crear el ambiente.

3. Encuentre un punto focal. Elija un objeto en una habitación en el que pueda concentrarse. Use su concentración en este objeto para que pueda comenzar a despejar su mente de todos los pensamientos.

4. Respire profundamente. Comience con cinco respiraciones profundas, inhalando por la nariz y exhalando por la boca.

5. Cierre los ojos. Piense en que sus párpados se vuelven pesados y déjelos cerrarse lentamente.

6. Imagina que todo el estrés y tensión salen de tu cuerpo. Deje que esta sensación baje desde su cabeza, sus hombros, su pecho, sus brazos, su estómago, sus piernas y finalmente sus pies.

7. Aclare su mente. Cuando esté relajado, su cuenta debe ser clara y puede iniciar el proceso de auto hipnotismo.

8. Visualiza un péndulo. En tu mente, imagina un columpio en movimiento. El movimiento del péndulo es una imagen popular que se utiliza en el hipnotismo para fomentar el enfoque.

9. Empiece a visualizar su imagen y tamaño corporal ideal. Esto debería ayudarlo a inculcar en su subconsciente la importancia de una dieta saludable y ejercicio.

10. Sugiérase a usted mismo que evite los alimentos poco saludables y comience a hacer ejercicio con regularidad. Puede utilizar un mantra en particular, como "Haré ejercicio al menos tres veces a la semana. La comida poco saludable me enfermará".

11. Despierta. Una vez que haya logrado lo que desea durante la hipnosis, debe despertarse. Empiece contando hacia atrás del uno al 10 y levántese cuando llegue al 10.

Recuerde, una dieta saludable no significa que deba reducir significativamente la ingesta de alimentos. Simplemente reduzca el consumo de alimentos que no sean saludables para usted. Nunca te hipnotices para no comer. Solo sugiérete a ti mismo comer menos de los alimentos que sabes que solo te están engordando.

CAPÍTULO 2:

Banda Gástrica con Hipnosis

Muchos tipos diferentes de hipnosis benefician al cuerpo humano de diferentes maneras. Algunos de estos métodos incluyen la hipnosis para bajar de peso y una vida sana, que son diferentes tipos de hipnosis para bajar de peso. La hipnoterapia con banda gástrica es una de ellas y popularmente conocida como un tipo de estado hipnótico que es sugerido a su subconsciente, que implica colocar una banda gástrica alrededor de su estómago. Esto a cambio le ayuda a perder peso, junto a la hipnosis general para las sesiones de pérdida de peso.

Este tipo de hipnoterapia se considera a menudo como el último tipo de hipnoterapia que la gente intenta si desea alcanzar sus objetivos. La práctica implica una cirugía conocida como cirugía de banda gástrica. Durante la cirugía, se coloca una banda gástrica alrededor de la parte superior de su estómago, con el propósito de limitar la cantidad total de alimentos que consume diariamente. Este es un tipo más extremo de hipnoterapia para bajar de peso, que ha demostrado ayudar a las personas a perder peso. Dado que es quirúrgico, no puede realizar este método usted mismo. También incluye riesgos potenciales, por lo que debe ser tratado con respeto y solo realizado por un médico certificado.

Sin embargo, puede implementar usted mismo la hipnoterapia con banda gástrica. Es una técnica más comúnmente utilizada por los hipnoterapeutas con el propósito de engañar al subconsciente haciéndole creer que se ha colocado una banda gástrica cuando en realidad no es así. Dado que la hipnoterapia se centra en silenciar su mente consciente e implementar pensamientos y creencias en su mente subconsciente, como un tipo de hipnoterapia, es bastante eficaz. Dado que la hipnoterapia nos ofrece muchos beneficios, además de permitirnos imaginarnos y aceptar lo que somos capaces de hacer, actúa como la solución perfecta para alcanzar algunos de los objetivos que pueden parecer fuera de su alcance.

La hipnoterapia con banda gástrica implica el proceso de creer que ha experimentado la cirugía física en sí, lo que finalmente le hace creer que el tamaño de su estómago también se ha reducido.

La banda gástrica utilizada en la cirugía de ajuste de banda gástrica es una estructura de silicona ajustable, que se utiliza como dispositivo para perder peso. Esta banda gástrica se usa durante la cirugía y se coloca estratégicamente alrededor de la parte superior de su estómago, dejando un pequeño espacio sobre el dispositivo. El espacio que queda abierto por encima de la banda gástrica restringe la cantidad total de alimento que se almacena dentro del estómago. Esto se hace para implementar un control adecuado de las porciones diarias y evitar comer en exceso. La banda gástrica ajustada físicamente dificulta que uno consuma grandes cantidades de alimentos, lo que puede crear el hábito de implementar un control adecuado de las porciones diarias. Esto esencialmente hará que se sienta más lleno después de comer menos, lo que a cambio fomenta la pérdida de peso.

La mayoría de las personas optan por someterse a la cirugía después de haber probado otros métodos para perder peso, incluidas dietas yoyó, suplementos dietéticos o medicamentos de venta libre, todo con la esperanza de perder peso.

La cirugía de banda gástrica actúa como un último recurso para aquellos que desean desesperadamente perder peso y han estado luchando durante mucho tiempo.

La hipnoterapia de banda gástrica es un método muy útil, ya que puede permitirle obtener un resultado similar al de la propia cirugía de ajuste de banda gástrica. Esto se debe a que está visualizando literalmente cómo se realiza el mismo procedimiento y cómo se beneficia de él. Durante la hipnosis de banda gástrica, se visualiza a sí mismo perdiendo peso inconscientemente, lo que se traduce en su realidad consciente.

Los hipnoterapeutas que se especializan en hipnoterapia de banda gástrica se centran en encontrar la raíz de lo que impide que sus clientes pierdan peso. La mayoría de las veces, descubren que la alimentación emocional es una de las principales causas que contribuyen a que las personas mantengan su peso.

También hacen hincapié en abordar las experiencias que permanecen en su mente subconsciente pero que aún no se han abordado. Estas experiencias a menudo hacen que las personas se tornen hacia una alimentación emocional e inconsciente, que luego se convierte en un patrón que parece imposible de eliminar.

Dado que el estrés se agrega a nuestras vidas todos los días, y la gente no se detiene y se toma el tiempo para procesar los sentimientos o tal vez ni siquiera pensar en ello, la mayoría recurre a la comida en busca de consuelo. Esto también influye en la alimentación emocional, que tiene efectos extremadamente negativos en el cuerpo a largo plazo, ya que también contribuye a una de las principales causas de obesidad.

Dado que la obesidad es una enfermedad increíblemente grave y que cada día se diagnostica a más personas con la enfermedad, es algo que debe abordarse.

Si la hipnoterapia de banda gástrica puede prevenirlo o reestructurar nuestros patrones de pensamiento para no actuar sobre nuestras emociones, sino invitarlas y procesarlas, entonces es una solución que todas las personas que necesitan perder peso deberían probar.

Una vez que un hipnoterapeuta reconoce el motivo por el cual está luchando para implementar un control adecuado de las porciones, lo abordará con el tratamiento de banda gástrica virtual a un nivel subconsciente.

Durante esta sesión de visualización, habrá imaginado que se ha sometido a la operación y que le han colocado la banda gástrica alrededor de la parte superior del estómago. Esto le llevará a pensar que se sentirá más lleno más rápido, lo que le servirá como una opción más segura a diferencia de la cirugía.

Cómo Funciona la Hipnoterapia de Banda Gástrica

La hipnoterapia para bajar de peso, especialmente para el control de las porciones, es excelente porque le permite concentrarse en crear una versión más saludable de sí mismo de manera segura.

Cuando a las personas se les recomienda la cirugía con banda gástrica, es generalmente porque las dietas, los suplementos para bajar de peso y las rutinas de ejercicios no parecen funcionar para ellos, es posible que se muestren escépticos sobre la realización de la cirugía.

Nadie quiere someterse a una cirugía innecesaria y usted tampoco debería tener que hacerlo. El hecho de que tenga dificultades para seguir una dieta, rutina de ejercicios o falta de motivación, no significa que un procedimiento extremo como la cirugía sea la única opción. De hecho, pensar que es la única opción que te queda, es una locura.

Algunos hipnoterapeutas sugieren que las dietas no funcionan en absoluto. Bueno, si está motivado y le resulta fácil seguir un plan de dieta y una rutina de ejercicios, entonces debería estar bien. Sin embargo, si sufre de obesidad o sobrepeso y no tiene el impulso y la motivación necesarios, es probable que falle. Cuando las personas encuentran el coraje y la determinación para reconocer que necesitan perder peso o realmente se esfuerzan por hacerlo, pero fallan continuamente, es cuando tienden a darse por vencidos.

La hipnoterapia de banda gástrica utiliza técnicas de relajación, que están diseñadas para modificar su forma de pensar sobre el peso que necesita perder, le proporciona una base sobre la que pararse y alcanzar sus objetivos, y también le recuerda constantemente por qué de hecho está haciendo lo que está haciendo. Es necesario desarrollar su forma de pensar más allá de dónde se encuentra en este momento actual y evolucionar mucho más allá de sus expectativas.

Las dietas también se centran más en cambios temporales de estilo de vida que en cambios permanentes y sostenibles, por lo que no se considera realista en absoluto. A menos que cambie de opinión, siempre permanecerá en una rutina que implica primero perder y luego posiblemente volver a subir de peso repetidamente. Algunos incluso pueden tirar la toalla por completo.

Dado que su mente es increíblemente poderosa, esta le permitirá aceptar cualquier idea o sugerencia hecha durante su sesión de hipnosis de banda gástrica. Esto puede resultar en un cambio permanente de su comportamiento, ya que las ideas practicadas durante la sesión se traducirán en la realidad de su mente consciente. Al educarse sobre hábitos saludables, nutrición adecuada y ejercicio, también tiene más posibilidades de alcanzar sus objetivos de pérdida de peso de manera sostenible.

El procedimiento de ajuste de la banda gástrica requerirá una consulta con su hipnoterapeuta donde discutirá qué es lo que le gustaría obtener de la hipnoterapia. Después de establecer su estado de salud actual, hábitos positivos y negativos, estilo de vida, luchas diarias y metas, recomendarán la duración de la hipnoterapia que necesitará para ver resultados. Durante este tiempo, debe informar a su hipnoterapeuta sobre su dieta y su historial de actividad física. Es probable que le hagan preguntas sobre su estilo de vida actual y si lo cambió a lo largo de los años. Si ha tenido un estilo de vida saludable antes, entonces ellos intentarán encontrar y abordar las razones por las que se abandonó a sí mismo y a su salud. Si siempre ha vivido su estilo de vida actual poco saludable y desequilibrado, lo examinarán a través de los años con la esperanza de descubrir las razones detrás de él. Durante su sesión inicial, se abordarán sus intentos de pérdida de peso, hábitos alimenticios y cualquier problema de salud que pueda experimentar. También se explorará su actitud hacia la comida, así como su relación con ella, con las personas y con su entorno.

Ahora su terapeuta tendrá una mejor idea del tipo de tratamiento que necesita. El procedimiento está diseñado para que experimente la cirugía de banda gástrica inconscientemente, como si realmente hubiera tenido lugar. Se le hablará en un estado profundo y relajado, exactamente igual que en la hipnosis estándar. Durante esta sesión, estarás al tanto de todo lo que sucede a tu alrededor. Las sugerencias para ayudar a aumentar su autoestima y confianza a menudo también se incorporan en la sesión, lo que también puede ayudarlo en lo que le gustaría lograr conscientemente.

Se le guiará paso a paso a través del procedimiento. Su hipnoterapeuta también puede hacer ruidos de teatro para convencer aún más a su subconsciente. Después de su sesión, su hipnoterapeuta puede brindarle guías y técnicas de auto hipnosis para ayudarlo a practicar una sesión similar para que los resultados sean más efectivos. A veces, la hipnoterapia de banda gástrica solo requiere unas pocas sesiones, dependiendo de cuáles sean sus necesidades.

La hipnosis con banda gástrica no solo implica tener que ir a sesiones físicas de hipnoterapia, sino que también requiere que implemente algún tipo de programa de control de peso que aborde específicamente sus hábitos de nutrición, adicción y ejercicio. Aborda los hábitos entre su cuerpo y mente y le ayuda a implementar nuevos hábitos constructivos.

Después de la hipnosis de banda gástrica, puede esperar sentir que tiene una relación mucho más saludable con la comida, así como un enfoque más consciente en todo lo que hace. Durante el proceso de visualización de la cirugía de ajuste de banda gástrica, llegará a creer que su estómago se ha encogido, lo que engañará a su cerebro para que piense que necesita menos comida. Esto también le hará pensar que no necesita mucha comida, lo que le ayudará a familiarizarse más con el consumo de porciones más saludables.

La hipnoterapia de banda gástrica tiene éxito ya que te hace pensar que estás lleno después de comer la cantidad diaria recomendada de alimentos para tu cuerpo. También se considera mucho más saludable que comer en exceso o en atracones. Aprenderás a reconocer la sensación de hambre versus estar lleno, lo que te ayudará a articularte entre los dos y a cultivar hábitos alimenticios más saludables.

CAPÍTULO 3:

Cómo Funciona la Hipnosis

Entendiendo la Hipnosis

Durante más de 200 años, las personas han estado contemplando y luchando por la hipnosis, pero la ciencia todavía necesita explicar completamente cómo sucede realmente. Vemos lo que hace un individuo en trance, pero no es obvio por qué lo hace.

En última instancia, este acertijo es un pequeño fragmento de un acertijo mucho mayor: cómo funciona la personalidad humana. Es inverosímil que los especialistas, dentro de un período de tiempo razonable, piensen en una aclaración autoritaria del cerebro. Por lo tanto, es seguro decir que el fenómeno de la hipnosis seguirá siendo un misterio.

Sea como fuere, los especialistas conocen los aspectos generales de la hipnosis. Como tal, tienen algunos ejemplos de cómo funciona. Es una condición de estupor representada por un sueño serio, sugerente, desenredado y expandido. Es diferente al sueño regular ya que el individuo está alerta en todo momento. Por otro lado, deambular por la tierra de la fantasía o la sensación de "perderse" en un libro o una película, es generalmente común. Estás completamente consciente. Sin embargo, la mayor parte del entorno que te rodea está bloqueado. Concéntrese seriamente en el punto actual.

En el aturdimiento del día a día de la vida cotidiana, un universo evocado le parece hasta cierto punto genuino, ya que se conecta completamente con sus sentimientos.

Ocasiones específicas pueden desencadenar pavor, desdicha o satisfacción genuinos, y en caso de que te sorprenda algo (por ejemplo, una bestia saltando de las sombras), puedes incluso temblar en tu asiento. Es por eso que la mayoría de los analistas caracterizan cada aturdimiento como una especie de auto-trance.

Milton Erickson, el maestro de conducción del siglo XX en la inducción del sueño, sostuvo que la gente está hipnotizada todos los días. En cualquier caso, la mayoría de los especialistas se centran en la condición de aturdimiento provocada por los entrenamientos deliberados para relajarse y pensar. Este fascinante significado se compara con frecuencia entre el estado de alerta y el descanso con el estado mental casual.

En un trance estándar, como si fueran la verdad, te acercas a las recomendaciones o consideraciones del especialista en trance. Si el inductor de trance demuestra que tu lengua se ha inflamado hasta el doble de su tamaño, sentirá una inclinación en la boca y es posible que experimente problemas para hablar.

En caso de que esté bebiendo un batido de chocolate, el especialista en trance lo demuestra, probarás el batido y lo sentirá refrescando su boca y garganta. Si está asustado, el especialista subliminal se lo muestra, y puede sentir pánico o comenzar a sudar. Sin embargo, constantemente sabes que todo es fantasioso. Como hacen los jóvenes, "juegas a imaginar" a un nivel extraordinario.

Los individuos se sienten desinhibidos y agradables en este estado mental específico. Lo más probable es que esto se deba a que resuelven las preocupaciones y preguntas que normalmente mantienen bajo estrictas restricciones a los ejercicios.

Mientras mira una película, puede encontrar una impresión similar; a medida que te inunda la trama, las preocupaciones sobre tu trabajo, tu familia, etc. se desvanecen, hasta que lo único que estás considerando es lo que está en la pantalla.

También eres sorprendentemente sugestionable en este estado. Es decir, si el especialista subliminal le aconseja que logre algo, es probable que acepte la idea por completo.

Esto es lo que hace que sea tan agradable demostrar al especialista subliminal escénico. A los adultos delicados se les suele pedir que se paseen por el escenario de repente, cacareando como gallinas o cantando lo más fuerte posible. Según todos los informes, el miedo a la humillación sale volando por la ventana. Sin embargo, la sospecha de que todo va por el bien y la calidad ética del sujeto permanece instalada a lo largo de la experiencia. No puede conseguir que un especialista subliminal haga algo que preferiría no hacer.

¿Cómo Funciona la Hipnosis?

Un especialista certificado en trance o un especialista subliminal provocan una condición de fijación seria o consideración concentrada durante el trance. Esta es una estrategia guiada por signos verbales y redundancia.

En muchos aspectos, el estupor como el estado en el que ingresas puede parecer como un descanso, pero eres completamente consciente de lo que está sucediendo.

Su asesor le hará propuestas guiadas para ayudarlo a lograr sus objetivos restaurativos mientras se encuentra en este estado de estupor. Dado que se encuentra en un estado central aumentado, es posible que esté cada vez más abierto a recomendaciones o propuestas que puedan incurrir en negligencia o considerarse culminado en su estado mental estándar.

Su asesor lo despertará al final de la sesión del estado de estupor, o usted se irá. Es dudoso el impacto que tiene este extraordinario nivel de enfoque y consideración del pensamiento. Durante el estado de aturdimiento, la hipnoterapia puede situar las semillas de pensamientos inconfundibles en su psique, y rápidamente esos cambios florecen y prosperan.

La hipnoterapia también puede prepararnos para un tratamiento y reconocimiento más profundos. En el caso de que su cerebro esté "confuso" en su expresión mental cotidiana, lo más probable es que su psique no pueda retener propuestas y consejos.

¿Qué le Sucede al Cerebro durante una Sesión de Hipnosis?

Los científicos de Harvard examinaron el cerebro de 57 personas durante el trance guiado. Descubrieron que: dos áreas de la mente a cargo de manejar y controlar lo que sucede en su cuerpo durante la fascinación muestran un movimiento más alto.

Por lo tanto, durante este estado, el lugar de su mente que es responsable de sus actividades y el área que es consciente de esas actividades tienen todas las características de estar separados.

¿Es Todo un Impacto Engañoso?

Es posible, sin embargo, en la acción del cerebro, el trance muestra diferenciaciones comprobadas. Esto muestra que la mente reacciona inequívocamente a la fascinación, una que está más fundamentada que el tratamiento falso.

Como la fascinación, la recomendación genera un impacto engañoso. Los discursos guiados o cualquier tipo de tratamiento social pueden afectar fuertemente el liderazgo y los sentimientos. Encantar es uno de esos instrumentos de tratamiento.

¿Existen las Reacciones o los Peligros?

Hipnotizar con poca frecuencia crea o muestra riesgos de reacciones. Tiende a ser una decisión de tratamiento electiva segura siempre que el tratamiento sea realizado por un especialista subliminal certificado o inductor de trance.

Algunas personas pueden encontrar síntomas de suaves a directos, que incluyen dolor cerebral, cansancio, inestabilidad, malestar situacional. Sin embargo, una práctica antagónica se utiliza de manera fascinante para la recuperación de la memoria. Las personas que, en consecuencia, usan la fascinación están destinadas a encontrar nerviosismo, miseria y reacciones opuestas. Asimismo, puede tener una posibilidad más notable de hacer recuerdos falsos.

CAPÍTULO 4:

La Hipnosis y la Pérdida de Peso

P arte de ser humano significa que tienes sentimientos. En ocasiones, es posible que se sienta más emocional que otras. Algunas de estas emociones pueden llevarnos a una alimentación emocional. Descubres que todo lo que quieres hacer es seguir comiendo incluso cuando no tienes hambre. Este es un hábito de alimentación poco saludable que puede resultar en un aumento de peso o, en ocasiones, provocar algunas enfermedades. La meditación te permite hacerte cargo de tus emociones. En lugar de ser emocional con regularidad, le permite a uno encontrar algunas soluciones para los desafíos que enfrentamos. A medida que enfoca su mente en analizarlos, puede encontrar fácilmente una posible solución.

Te Ayuda a Evitar el Comer en Exceso

Es posible que haya tenido hambre todo el día, y todo lo que está esperando es poner sus manos en una comida cuantiosa. Descubres que has invertido tu mente en pensar mucho en los alimentos que quieres consumir. Cuando haces eso, tu apetito aumenta. Una vez que comes, terminas comiendo en exceso porque tu mente ya ha registrado que tenías mucha hambre. Independientemente de la cantidad de comida que consuma, tiene la necesidad de seguir comiendo más. En el proceso, terminas comiendo en exceso y arrepintiéndote tarde. A veces, los alimentos dulces pueden hacernos comer en exceso. Puede ser uno de esos días buenos en los que te sientes con energía y cocinas una buena comida. Pasas gran parte de tu tiempo preparándola y, cuando es momento de consumirla, te encuentras comiendo en exceso, ya que es deliciosa. La meditación te permite saber cuándo estás lleno y, por lo tanto, puedes comprender que no es necesario seguir agregando más comida. Puedes comer la porción que necesitas y puedes guardar el resto para otro día. En este caso, le permite tener autocontrol mientras consume sus alimentos.

Encuentras Otras Formas de Reducir el Estrés

La alimentación por estrés es un gran desafío entre una variedad de personas. La vida puede volverse desafiante y sientes que estás bajo presión. Hay diferentes desafíos a los que nos enfrentamos. Algunos de ellos están fuera de nuestro control, mientras que otros son manejables. Es posible que haya perdido recientemente a un ser querido. El duelo te hace sentir estresado y quizás te preguntes por qué tuvieron que irse.

Una persona puede encontrarse en una situación en la que se siente sola y esto genera estrés. Por otro lado, es posible que haya aplazado una evaluación y se sienta mal por esta situación. Probablemente se pregunte si logrará graduarse en el año previsto o si tendrá que permanecer más tiempo en la escuela. Estas son algunas de las situaciones que provocan estrés. Cuando ocurren, su solución podría ser comer. Siempre que se sienta triste o tenga ganas de llorar; terminas buscando una comida para comer. En este proceso, terminas comiendo en exceso y los alimentos consumidos no son útiles para tu cuerpo. La meditación le permite encontrar formas de manejar situaciones tan estresantes y, por lo tanto, ya no es necesario comer en exceso.

Permite Hacer Frente a Trastornos Alimenticios

Algunas personas tienen problemas alimentarios crónicos, como bulimia y anorexia. Las personas con anorexia tienden a negarse a comer. Descubres que comen pequeñas porciones de comida en un día, que es menor que la cantidad de comida que su cuerpo necesita.

Descubres que algunas personas que luchan con el aumento de peso tienden a ser anoréxicas. Con el aumento de peso, su autoestima disminuye y desarrollan otras complicaciones. A veces pueden sentirse incómodos alrededor de algunas personas, y cada vez que consumen algo, todo lo que quieren hacer es vomitar y liberar los alimentos consumidos. También tenemos algunos modelos que luchan contra la anorexia.

Quieren tener una determinada forma y, por lo tanto, reducen la ingesta de alimentos. No consumen las porciones de alimentos requeridas y puede tener algunos efectos nocivos en sus cuerpos. La bulimia se refiere a una condición por la cual el individuo consume mucha comida, lo cual es innecesario. Este es un desafío para las personas pequeñas que desean aumentar de peso. Descubres que, independientemente de la cantidad de comida que consuman, no se producen grandes cambios en su cuerpo. La meditación te permite aceptarte a ti mismo tal como eres y, por lo tanto, no necesitas alimentos para aumentar tu autoestima.

Mejora la Concentración

Cuando tu mente está en un estado de calma, tu nivel de concentración aumenta. Descubre que se concentra más en la tarea que está emprendiendo y la hace bien. Comer requiere algo de concentración. Por ejemplo, al masticar, estar concentrado puede ayudarlo a masticar correctamente los alimentos. En este caso, todas las partículas de comida están bien descompuestas. Esto facilita ciertos procesos como la digestión.

Cuando esto ocurre, los alimentos consumidos se utilizan bien en el cuerpo. En este caso, toda la comida se vuelve beneficiosa y ninguna se desperdicia. También facilita el proceso de ingestión. Se gestiona el desafío de tener alimentos excesivos y no utilizados en el cuerpo. Como resultado, los problemas que resultan de una mala alimentación también están bien atendidos. La concentración es esencial en todos los aspectos de la vida. Mejora nuestro desempeño en las tareas que estamos llevando a cabo y asegura que tomemos las decisiones correctas. Puede pasar por alto la importancia de la concentración cuando se trata de comer, pero juega un papel crucial.

Comes Solamente las Porciones de Comida Requeridas

En algunos momentos, la gula hace que comamos más comida de la que necesitamos. La gula puede resultar de ver una buena comida bien preparada y desear automáticamente tenerla. Es posible que haya comido y esté lleno, pero desde que se encontró con una comida que se ve deliciosa, tiene la repentina necesidad de consumirla. En ese caso, comerás no porque tengas hambre, sino por gula. Para evitar algunas de esas incidencias, debe tener algo de autocontrol. Cuando haya consumido la porción de comida necesaria, debe entrenar a su cuerpo para que no necesite más. Incluso si come la porción extra, no tiene ningún propósito para su cuerpo, ya que el cuerpo no la usa. En cambio, se deshace de los desechos, ya que no les agrega ningún valor. A veces, su cuerpo lo convertirá en grasa y terminará ganando peso. Por otro lado, algunas personas malinterpretan el concepto de dieta y piensan que significa negarse a comer. Es posible que una persona se salte algunas comidas solo para perder peso. Cuando hace esto, le niega a su cuerpo sus necesidades y puede resultar en más complicaciones. Para evitar esto, asegúrese de tomar la cantidad requerida de comida.

Te Permite Evitar los Impulsos de Comprar Comida

La compra impulsiva de alimentos es similar a la compra impulsiva. En las compras impulsivas, descubre que está caminando por una tienda para comprar un artículo específico, pero termina comprando artículos que no había presupuestado. Por ejemplo, puede que esté caminando a un supermercado para comprar algunos alimentos, pero terminará comprando un par de zapatos. No tenía intención de conseguir los zapatos, lo que significa que es un elemento adicional a su presupuesto. Por otro lado, es posible que no utilice el artículo que compró porque no lo necesitaba en primer lugar. Estas compras al azar también ocurren con alimentos. Mientras caminas por las calles, es posible que te encuentres con un restaurante de comida rápida y automáticamente decidas comprar algunas papas fritas. Inicialmente no tenía ningún plan para obtenerlos, pero desde que los encontró, de inmediato surge una necesidad. La meditación te permite tomar las decisiones correctas. Tienes la oportunidad de analizar la situación y decidir qué es lo mejor que puedes hacer. En la mayoría de los casos, decidirá renunciar a realizar la compra impulsiva.

Ayuda en la Consciencia de Sí Mismo

Hemos sido creados para funcionar de manera diferente. Cada individuo tiene sus propias características únicas que los distinguen de los demás y los hacen quienes son. Tu forma de pensar y hacer las cosas puede ser diferente a la de otra persona. A veces tendrás una entrevista y te dirán que te describas. ¿Cuáles son las respuestas que tendrías que dar? La mayoría de las personas se congelan cuando se les hace esta pregunta porque no somos conscientes de quiénes somos. Apenas nos tomamos el tiempo para comprendernos a nosotros mismos y, por lo tanto, sabemos poco sobre quiénes somos. La meditación nos permite conectarnos con nuestro ser interior. Cuando te tomes un tiempo para ti, puedes decidir meditar sobre tu vida. Esto implicará hacerse algunas preguntas importantes y sus respuestas a las preguntas formuladas le dirán mucho sobre el tipo de persona que es. Cuando se trata de adquirir hábitos alimenticios saludables, la autoconciencia es necesaria. Debe ser consciente de los desafíos que enfrentará al intentar adaptarse a algunos de esos hábitos alimenticios. Esto le permite concentrarse fácilmente y administrar para utilizar con éxito los buenos hábitos alimenticios.

Te Ayuda a Seguir un Plan Dietético

Seguir un plan dietético puede ser una tarea bastante desafiante. Los primeros días pueden ser un desafío, especialmente si nunca antes lo ha probado. Puede decidir comer solo una comida que está fuera de la dieta y terminar comiendo más de una comida. En lugar de la única comida que se había prometido, la extiende a una semana y, antes de que se dé cuenta, ya no está siguiendo el plan de dieta. Mientras hace dieta, necesitará mucha disciplina que le asegure mantenerse concentrado en sus decisiones. A pesar de las circunstancias o los eventos que le rodean, siempre asegúrese de mantenerse concentrado en lo que hace. El mayor desafío de la dieta es que siempre encontrarás comida. Al caminar por diferentes calles, encontrará comida.

También podría estar sentado cerca de una persona que está comiendo y sentir la tentación de obtener lo que está comiendo. Se necesita mucha disciplina y autocontrol para asegurarse de cumplir con su dieta. La meditación te permite adquirir este tipo de disciplina y te asegura que te mantengas enfocado en tus metas y plan.

CAPÍTULO 5:

Riesgos de la Hipnosis de Pérdida de Peso Rápida

Existen varios riesgos asociados con la obesidad. Las enfermedades cardíacas, el colesterol y la diabetes son solo algunos de los peligros del sobrepeso. Sin embargo, perder peso no es que sea lo más fácil de hacer. Las personas con problemas de peso están perdiendo peso continuamente y volviéndolo a ganar. ¿Es de extrañar que las dietas rápidas para perder peso rápidamente se estén volviendo tan populares? La pérdida de peso rápida es algo que las personas con sobrepeso esperan. Pero, ¿existe algún programa de pérdida de peso rápida que pueda no solo reducir los kilos sino mantenerlos así? Es más, ¿perder peso es una idea súper rápida? ¿Cuáles son los riesgos para la salud?

Sí, estas son algunas de las preguntas que deberían venir a su mente cuando mira los comerciales de programas de pérdida de peso rápida. Podría ser tentador mirar un plan de pérdida de peso rápido que signifique que estás viendo un reflejo de ti mismo de 20 libras más delgado en una semana, pero no cedas a esa tentación. Es posible que los beneficios de una pérdida rápida de peso no sean irreversibles y que usted pueda causar un daño irreparable a su metabolismo. Por lo tanto, los efectos positivos no pueden durar mucho, pero los efectos perjudiciales pueden terminar atormentándote para siempre.

Si ya es susceptible a problemas renales, tratar de perder peso rápidamente podría empeorarlos. Puede terminar con cálculos en la vesícula biliar o presión arterial baja, así como desequilibrios minerales en su cuerpo. Nada de esto será un buen augurio para su bienestar a largo plazo. A esto se suma la posibilidad de que recupere todo el peso perdido a los pocos meses de perderlo. Si bien algunas personas se benefician de los programas de pérdida de peso acelerada, los hallazgos no siempre han favorecido el plan. Oprah Winfrey fue un ejemplo de ello hace unos años cuando nos sorprendió después de perder peso por montón, pero lo ganó todo de nuevo en poco tiempo.

El programa de pérdida de peso más rápido parece requerir que se muera de hambre. Esta forma no es la forma de perder peso. Tenga en cuenta que si se priva de comer, corre el riesgo de atiborrarse de comida. Por lo tanto, puede terminar comiendo mucho más de lo que ha estado soñando. El resultado: todos los kilos que ha perdido volverán. También existe un alto riesgo de que desarrolle un trastorno alimentario.

¿Cómo planeas erradicar esos kilos y contenerlos? Come bien y haz ejercicio correctamente. Muchas personas prefieren pasar de sobrepeso a adelgazar a sobrepeso nuevamente porque establecen expectativas de pérdida de peso poco realistas. La intención es disminuir la velocidad pero seguir avanzando hacia ese objetivo. La forma más rápida de asegurarse de hacer esto es adoptando una dieta saludable. Coma grasas;

coma carbohidratos; ingiera esas calorías, pero no se atiborre de ellas. Programe un entrenamiento diario, beba mucha agua y descanse bien. Pronto, debería estar viendo un cuerpo más delgado sin las consecuencias de una pérdida rápida de peso.

Tener sobrepeso es algo que casi cualquier persona en el mundo está tratando de detener. Este pensar es increíblemente correcto dado la cantidad de peligros para la salud a los que uno está expuesto mientras tiene sobrepeso y los problemas de autoestima que vienen con no estar en forma. Por lo tanto, no es sorprendente que las dietas para adelgazar y los ejercicios para perder grasa sean estándar en el mundo actual. Sin embargo, para deshacerse de la grasa extra, algunas personas suelen utilizar técnicas que les ayudan a perder peso rápidamente, lo que generalmente va en contra de sus cuerpos. Los siguientes son los peligros a los que uno se ve sometido cuando intenta perder peso rápidamente.

Por lo general, se recomienda que uno se asegure de no perder más de 2 libras por semana. Cualquier pérdida de peso de más de 2 libras generalmente se considera perjudicial, ya que generalmente expone el cuerpo de una persona a riesgos importantes para la salud. Esto se debe a que la pérdida rápida de peso normalmente le niega al cuerpo el tiempo que necesita para adaptarse a la misma y, por lo tanto, crea inestabilidad en el sistema metabólico del cuerpo, lo que a menudo puede tener consecuencias desastrosas.

Perder peso con hipnosis es una de las formas más rápidas, expeditas, seguras, más calmas y más económicas de perder peso de forma permanente. He estado hipnotizando a miles de personas durante más de 17 años, y no he visto a nadie que trate de hacer que este trabajo les falle cuando intentan hacer lo que se supone que deben hacer. Se han realizado muchos estudios independientes sobre las comunidades de adelgazamiento de muchas formas diferentes, desde medicamentos hasta dietas especiales, pero ninguno ha funcionado tan bien como la hipnosis. Si comprende lo que es la hipnosis y sabe qué esperar, será eficaz para perder todo el peso que desea y necesita perder, incluso si no cree que vaya a funcionar, de todos modos funcionará. La hipnosis está funcionando si quieres que funcione. Cualquiera puede ser hipnotizado si quiere. Perderás peso si lo vas a bajar. Lo único que puede salvarlo de ser hipnotizado es usted. Tengo gente que me dice: "No creo que me puedan hipnotizar". Suelen ser mis mejores clientes. Por lo general, son personas que tienen algunos mitos importantes sobre la hipnosis y pueden haberla probado, pero no sucedió nada mágico, por lo que se rindieron. Solo quieren que funcione, pero no sabían cómo hacerlo hasta que estuvieron mejor informados sobre la hipnosis.

Hay algunos datos básicos sobre la hipnosis que necesita saber. Cuando alguien con experiencia lo hipnotice, usted se sentará y se relajará, cerrará los ojos y escuchará la voz del hipnoterapeuta para guiarlo. No hay nada que puedas hacer mal; nada puede salir mal. No hay riesgos en esta forma de hipnosis. Toda hipnosis es auto hipnosis. Todavía estás a cargo de eso. Nunca vas a hacer o decir nada en contra de tu voluntad, intereses, valores o principios, independientemente de lo que piensen los demás. Es como una prueba mental o un juego mental. Y no estás perdiendo el control de tus pensamientos. Todavía estás a cargo de eso.

No está perdiendo la audición ni ninguno de sus sentidos. En realidad, sus sentidos se agudizan y se vuelve más consciente, no menos. Todavía me vas a escuchar, creas que lo haces o no. Estás haciendo todo el trabajo y todo el trabajo está en tu cabeza. No tienes que decir ni hacer nada al respecto. El hipnoterapeuta usa su experiencia para guiarte en tu cabeza, para enviarte una guía, pero no tienes que seguirlos si no te sientes cómodo con alguna parte de ella. No tiene sentido estar hipnotizado. No te hipnotizarán. Lo único que vas a experimentar es estar entre cómodo y realmente cómodo. Otros se sienten un poco cómodos y escuchan cada palabra y lo recuerdan todo, mientras que otros se sienten tan cómodos que se sumergen. Aun así, nadie puede dormir hasta que esté en casa en la cama por la noche, y de todos modos está agotado cuando pone su CD. A menudo puede sentirse como dormir, pero no es dormir. Todo el trabajo está en tu cabeza, así que tienes que participar y pensar en lo que sugiere el hipnoterapeuta. Es solo una meditación guiada e increíblemente fuerte.

Con la Hipnosis, podrá alcanzar su peso y figura perfectos. Vas a perder todo el peso que quieras y necesites perder, sin tensiones ni desafíos emocionales con antojos, impulsos, sobrealimentación, atiborrándote como lo haces cuando haces dieta. No es una dieta, ¡pero no volverás a subir de peso! No se siente como si se estuviera muriendo de hambre, aunque busca alimentos más nutritivos, bajos en calorías y saludables. No querrá alimentos ricos, que engordan, no saludables, con muchas calorías, dulces, alimentos poco saludables y alimentos que no son buenos para usted. No va a comer bocadillos ni a comer entre horas ni tarde en la noche. Vas a comer lo que tu cuerpo quiera y cuando estés satisfecho, estarás completamente satisfecho. No perderá peso tan fácilmente como para dañar su salud. Te concentrarás en la forma y medidas perfectas y lograrás el tamaño ideal rápidamente y sin molestias y mantendrás ese tamaño todo el tiempo que quieras. Vas a querer beber más agua y ser feliz de una comida a otra. ¡Vas a bajar de peso sin intentarlo! Sus hábitos alimenticios pueden cambiar de repente, instantáneamente o gradualmente con el tiempo. Algunas personas serán hipnotizadas una vez y sus hábitos alimenticios cambiarán para siempre, y otras necesitarán ser hipnotizadas.

CAPÍTULO 6:

La Hipnoterapia para Perder Peso

Debido a que se sumerge en un segundo y modificado estado de conciencia, la hipnosis es un enfoque particularmente interesante en el caso del sobrepeso. ¿La idea? Te permite acceder a tu subconsciente para reprogramarlo.

A pesar de los drásticos cambios en el estilo de vida y una buena dosis de motivación, a veces es difícil deshacerse de ciertos hábitos alimenticios bien establecidos. A fuerza de regímenes repetidos que no dan resultados duraderos, surge la frustración y muy a menudo terminamos desanimándonos y rindiéndonos.

La hipnosis para perder peso es hipnosis terapéutica (hipnoterapia), llamada Ericksonian. No debe confundirse con la hipnosis de "espectáculo" durante la cual el practicante toma el control de su sujeto. Centrada en la relajación, la hipnosis para bajar de peso es un enfoque muy diferente. Durante la sesión, permanece consciente y perfectamente en control de sí mismo. El hipnoterapeuta está ahí para guiarlo suavemente y ayudarlo a comprender mejor de dónde provienen los comportamientos alimentarios que causan el aumento de peso.

Mediante este sereno viaje al centro de tu subconsciente, modificas profundamente ciertos condicionamientos y malos hábitos alimenticios.

La medicina alternativa por excelencia, la hipnosis para adelgazar es una poderosa herramienta que te permitirá (re) tomar el control y recuperar tu peso ideal de forma duradera y sin frustraciones.

La Hipnosis para Ayudar con el Sobrepeso

Desde un punto de vista científico, varios estudios han demostrado la eficacia de la hipnosis en varios trastornos:

- Úlcera péptica
- Tinitus
- Colitis espática
- Picazón/eccema
- Migrañas crónicas
- Ciertas alergias
- Ciertas formas de bronquitis/asma
- Espasmofilia
- Fobias
- Problemas sexuales
- Adicción
- Ataques de ansiedad
- Insomnio

Este suave enfoque terapéutico ha demostrado su eficacia, tanto en términos de salud física como de equilibrio psicoemocional. A menudo, los comportamientos alimenticios que promueven el aumento de peso son una cuestión de estrés y manejo de las emociones. Incluso hablamos de "libras emocionales".

Además, cuando atravesamos un período especialmente estresante, surgen dos tendencias principales, la pérdida de apetito o, por el contrario, la necesidad de consumir alimentos calóricos, ricos en azúcares y grasas.

Debido a que permite este estado alterado de conciencia y promueve el dejar ir, la hipnosis para adelgazar da resultados reales y permite un mejor manejo del sobrepeso vinculado al estrés. En particular, ayuda a:

- Aliviar la ansiedad que provoca comer y picar de forma compulsiva.
- Deshacerte de las adicciones a la comida.
- Tomar el control cuando la tentación esté presente.
- Caza complejos y recupera la confianza en ti mismo.
- Fortalece tu mente y motivación.

Pérdida de Peso Duradera con la Hipnosis

Por supuesto, perder peso implica necesariamente cuestionar los hábitos alimenticios. Dado que tenemos que pasar por esto, es legítimo preguntarse cómo la hipnosis para perder peso desencadena concretamente estos cambios en la percepción.

Durante la sesión, el terapeuta sumerge a su paciente en un estado de relajación muy profundo. Su objetivo lo impulsa a acceder a su subconsciente y a ciertos automatismos/condicionamientos que son la causa de sus malos hábitos alimenticios. Acompañado por la voz del hipnoterapeuta, el paciente revalora su relación con la comida. Esto es, por ejemplo, para sugerirle a su subconsciente que los alimentos ricos en calorías no son los únicos que le hacen bien.

Este profundo trabajo introspectivo es la garantía de una pérdida de peso duradera. Bajar de peso mediante hipnosis, por tanto, cumple con las expectativas de quienes buscan adelgazar de forma permanente... ¡sin pasar por el camino de la frustración!

Efectividad de la Sesión de Hipnosis para Bajar de Peso
Que Esperar

¿La idea de adelgazar con hipnosis despierta tu curiosidad? Como todos tenemos en mente la espectacular hipnosis de espectáculo, muchas veces asociamos esta práctica con una pérdida total de control.

Proporcionada por un hipnoterapeuta calificado, una sesión de hipnosis para bajar de peso dura 1 hora y te deja totalmente libre para moverte y pensar. ¿Primera etapa? Un intercambio imprescindible que permitirá a tu médico identificar tu problema y personalizar esta sesión de hipnosis para adelgazar.

Con técnicas de relajación, su terapeuta lo guía a un estado profundo de dejar ir. Este estado hipnótico, conocido como un segundo estado modificado, le permitirá obtener un suave acceso a su inconsciente y al condicionamiento responsable de su aumento de peso.

Si la voz y la pericia del practicante te acompañan durante toda la sesión, eres tú quien camina en el centro de tu subconsciente y eres el actor de estos profundos cambios internos.

Cada vez más personas reconocen los beneficios de la hipnosis para ayudar a las personas a perder peso y mantener un peso saludable y estable a lo largo del tiempo. Más allá de los simples testimonios, existen estudios científicos que demuestran la eficacia de la hipnoterapia. Uno de los primeros estudios sobre este tema, realizado en 1986, mostró que las mujeres con sobrepeso que usaron un programa de hipnosis perdieron significativamente más peso (alrededor de 8 kg) que aquellas a las que simplemente se les dijo que tuvieran cuidado con lo que comían. Otro estudio mostró que las mujeres que usaron la hipnosis para perder peso habían adelgazado, mejorado su índice de masa corporal, cambiado sus conductas alimentarias e incluso desarrollado una imagen corporal más positiva.

En el acompañamiento de la pérdida de peso, el hipnoterapeuta es una especie de entrenador, que en primer lugar ayudará a su paciente a entrar en un estado de relajación profunda. Una vez adquirido este estado, el hipnoterapeuta podrá acceder al subconsciente del paciente, que está más abierto a sugerencias que la parte consciente de la mente. El hipnoterapeuta busca romper los malos hábitos alimenticios del paciente sustituyendo los patrones de pensamiento que llevan a comer en exceso por actitudes más positivas y equilibradas en relación a la comida, a través de visualizaciones y sugerencias.

Así, la hipnoterapia es un abordaje de la pérdida de peso que se basa en un cambio en la relación con la comida a largo plazo: es cambiar la forma de pensar del paciente, para que estos pensamientos se traduzcan en acciones más saludables, y a su vez, su dieta. Por lo tanto, la hipnoterapia no es para quienes buscan soluciones "milagrosas": es un proceso que es ciertamente efectivo pero que lleva tiempo. Cambiar la actitud de un paciente hacia la comida requiere un buen conocimiento de los problemas particulares de la comida y el desarrollo de sugerencias que respondan exactamente a sus problemas. Así, el primer paso en cualquier hipnosis para adelgazar va a ser una conversación entre el terapeuta y su paciente, para que este último explique su historia en cuanto a dietas, qué ha ayudado o complicado su adelgazamiento antes, etc. Así, cualquier persona que piense en la hipnosis como una técnica para adelgazar debe abandonar la actitud expresa que acompaña a muchas dietas: es una terapia dirigida a un cambio total en el estilo de vida y comportamiento hacia el tornillo de alimentación.

De esta forma, gracias al poder de la sugestión, el hipnoterapeuta puede reemplazar los pensamientos negativos y las conductas nocivas redirigiéndolas hacia mejores acciones para la salud del individuo: el hipnoterapeuta en ningún caso propondrá una dieta, sino que ayudará a adoptar una nueva forma de vida. La hipnosis ayuda a las personas a lidiar con problemas psicológicos que pueden explicar los malos hábitos de vida, como el odio a hacer deportes, la gula excesiva, los atracones, etc. Se utiliza para identificar las preocupaciones psicológicas que desencadenan estos malos hábitos, para corregirlos y generar más patrones positivos. Entonces, uno de los aspectos clave del trabajo de la hipnoterapia en la pérdida de peso será convencer al paciente de que puede perder peso y que estos fracasos pasados no afectan la posibilidad de éxito presente. Un gran problema con las personas que intentan perder peso repetidamente es que piensan que sus malos hábitos son "más fuertes" de lo que son: el hipnoterapeuta ayuda a ahuyentar esos pensamientos negativos.

En relación con esto, la terapia conductual y cognitiva, que se realiza con el acompañamiento de un profesional de la salud mental, puede ser un excelente complemento de la hipnoterapia. Este tipo de psicoterapia permite al paciente hablar sobre los sentimientos y pensamientos que tiene para con la comida, lo que le permite ser plenamente consciente de los patrones de pensamiento y problemas en el origen de su relación malsana con su dieta. Posteriormente, le resultará más fácil cambiar sus hábitos. De hecho, ser consciente del problema es el primer paso hacia hábitos más adecuados.

Otra ventaja de la hipnoterapia para bajar de peso es que también puede ayudar a las personas a controlar mejor su estrés. Así, ante situaciones difíciles de la vida cotidiana, el individuo aprende a gestionar sus emociones de forma sana. En consecuencia, rompe el vínculo entre su vida emocional y la comida, que ocupa un lugar adecuado en su existencia: es la forma de satisfacer su hambre y no un método para ahogar sus emociones negativas ante situaciones angustiosas. Además, los aspectos de meditación y relajación necesarios para la hipnosis ayudan al individuo a ser más consciente de sus sentimientos, ya sean sus pensamientos o su estado físico; esto también puede ayudar a perder peso.

Resultados Después de una Sesión

El éxito de las sesiones de hipnosis para adelgazar va de la mano de un firme deseo de cambiar definitivamente los malos hábitos alimenticios.

Cuando el sujeto está receptivo y motivado, obviamente alcanza el estado hipnótico deseado con mayor facilidad.

Después de una sesión, los nuevos comportamientos se registran en el subconsciente y se vuelve más fácil y natural dejar de agrietarse, dejar de ceder a sus impulsos alimentarios y recurrir a alimentos saludables.

Dado que una sesión de hipnosis para adelgazar está trabajando en el fondo del problema, los nuevos automatismos se instalan a largo plazo.

Perder esos kilos de más ya no es sinónimo de estrés, frustración y privación. La hipnosis terapéutica ayuda en particular a mantener su peso ideal y a alcanzar la tan esperada fase de estabilización.

CAPÍTULO 7:

Meditación y la Pérdida de Peso

L a meditación es solo hipnosis sin una sugestión... "- la mayoría de los hipnoterapeuta le dirán eso.

Y aunque esto puede ser cierto en algunos (muy pocos) casos, es lamentable que se exprese esta opinión, porque describe solo un aspecto muy limitado de la meditación y no toma en cuenta el número fenomenal de formas de meditación que existen. Tampoco tiene en cuenta la verdadera naturaleza de la mayoría de las formas de meditación.

Para ilustrar esto, le sugiero que considere la increíble cantidad de meditaciones guiadas que ofrecen, venden y promueven varias organizaciones con y sin fines de lucro. Por supuesto, para comprender completamente las implicaciones, uno debe considerar la composición de la mayoría de estas meditaciones guiadas, que contienen algunos elementos clave.

1. Generalmente diseñado para crear un estado de conciencia alternativo.

2. Generalmente diseñado con un objetivo específico de vida/meditación en mente.

3. A veces, estos objetivos se persiguen incluso en forma de metáfora, visualizada o no.

4. Puede ser administrado por usted mismo o por otra persona o en un contexto grupal con gran éxito.

Al marcar esto, queda claro que casi siempre hay un objetivo que perseguir en las meditaciones guiadas. También hay que reconocer que los objetivos no se pueden alcanzar sin una propuesta que empuje al especialista en la dirección correcta.

Por supuesto, hay varias otras formas de meditación en las que la sugestión per se juega un papel subordinado. Sin embargo, debe tenerse en cuenta que la meditación sin un objetivo generalmente no tiene sentido y, por lo tanto, la mayoría de las formas de meditación se practican con un objetivo específico. Y no es de extrañar que también deba haber una propuesta en estos.

Otro ejemplo de esto sería una sencilla aplicación de meditación para la relajación (una práctica bastante común). En este caso, queda un objetivo. "La relajación." Y aunque la sugestión generalmente no se transmite durante la meditación, generalmente son sugerencias previas a la meditación las que luego se ejecutan durante la meditación y generalmente con los resultados deseados.

Por lo tanto, no sería justo reducir la meditación a un ejercicio sin sentido en la definición. Por supuesto, esto me recuerda otro punto de vista.

¿Existe alguna diferencia entre la hipnosis y la meditación? ... Después de todo, parecen tener propiedades primarias similares. Y si es así, ¿cuál es la diferencia, si la hay? ...

Aunque las respuestas a estas preguntas son algo más complejas, debe tenerse en cuenta que, si bien es posible que no se reconozca la meditación en este punto, la meditación es una forma menos formalizada de hipnosis y se considera hipnosis en la mayoría de las analogías, especialmente cuando se observan las características de una meditación promedio.

Si observa más a fondo esta analogía, debe saber que la meditación debe hacer lo mismo que la hipnosis. También se enfoca en crear estados mentales donde la mente puede ser manipulada para lograr los objetivos marcados. Sin embargo, una cosa para recordar es que esto generalmente se practica en un entorno mucho menos formal, y aún más en una situación individual que es esencialmente similar a la auto hipnosis. Por supuesto, hay entornos grupales en los que se practica la meditación, generalmente de forma guiada. Sin embargo, aún conservan propiedades similares y, como tales, pueden ser tan efectivas como la mayoría de las formas de hipnosis practicadas.

Teniendo esto en cuenta, parece que prácticamente no hay distinción que hacer en la definición excepto por su uso como herramientas terapéuticas.

1. La hipnosis se puede utilizar terapéuticamente para manipular y controlar las reacciones del paciente. Esto permite una terapia mental adaptable directa e inmediata en un entorno controlado. Esto también

ofrece a los terapeutas la oportunidad de tratar enfermedades mentales más graves para las que la meditación no sería adecuada. Esto se logra mediante la creación de un control externo a través de la Hipnosis que promueve la sanación mental segura de pacientes con afecciones bastante graves. Esto también ofrece una alternativa bastante simple a la meditación para aquellos que no tienen la capacidad interior y la fuerza para hipnotizar/meditar sobre sí mismos.

2. La meditación también se puede utilizar como herramienta terapéutica, pero requiere más habilidades internas de los practicantes.

Dada la naturaleza de la meditación y las similitudes significativas entre la meditación y la hipnosis, la meditación se puede utilizar con la misma eficacia que la mayoría de las técnicas de auto hipnosis e incluso algunos usos terapéuticos como la regresión y otras formas. Los meditadores avanzados están disponibles en hipnoterapia relacionada. Un profesional puede lograr resultados similares a los de la hipnoterapia con meditación, por ejemplo, cuando dice: "Ayudarte a dejar de fumar".

Si acepto esto, sugeriría que los meditadores no tienen miedo de explorar sus mentes y habilidades usando la meditación como una plataforma y expandirlas a lo que tradicionalmente se considera técnicas de auto hipnosis. Si hace esto con cuidado, puede lograr mucho más de su meditación en un tiempo mucho más corto. Especialmente cuando se combinan técnicas de ambos géneros, cuando la atención se centra en la capacidad interna en lugar del requisito tradicional de hipnosis para el control externo. Aplicar esto también le brinda una oportunidad única para establecer sus propios objetivos de hipnosis/meditación, lo que generalmente no es posible con los hipnoterapeutas, ya que generalmente quieren decidir qué es lo mejor para usted.

Si se puede confiar en el terapeuta, también puede traer beneficios sorprendentes y puede resultar en algo más rápido de lo esperado que si intenta hacerlo usted mismo.

Aprender a perder peso de forma permanente no siempre es fácil. Mucho después de alcanzar su objetivo de peso, debe mantener o arriesgarse a caer justo donde comenzó. Hay algo que mucha gente pasa por alto: el valor de sus prospectos. Su actitud y mentalidad pueden contribuir significativamente a la motivación y al éxito. Si quieres saber cómo perder peso de forma permanente, primero aprende cómo afrontar adecuadamente la tarea y prepárate mentalmente para cualquier obstáculo que se te presente.

Piense en sus metas y habilidades. No, no parecerás loco cuando hables contigo mismo. A veces es útil repetir lo que quieres hacer, perder peso de forma permanente. Comience con esta técnica muy simple: cree una frase corta que pueda decirse a sí mismo. Esto debe hacerse por la mañana o antes de acostarse (o posiblemente ambas veces).

Cuando pruebe esta técnica, tenga en cuenta que las palabras que diga marcan la diferencia. Evite palabras como "yo siento" o "pienso" y apéguese a palabras positivas y firmes como "puedo" y "lo haré". Debes crear un mensaje 100% positivo y seguro que compartirás contigo mismo. Si está aprendiendo a perder peso de forma permanente, puede decir algo como "Voy a bajar de peso esta semana" o "Puedo alcanzar mi peso ideal".

Una vez que haya encontrado una frase corta, fácil de recordar y completamente positiva, es el momento de ponerla en práctica. Repita la oración catorce veces en horarios establecidos (ya sea antes de acostarse o cuando se despierte). Catorce funciona bien porque hay suficientes repeticiones para mantener el pensamiento en tu cabeza, pero no lo suficiente para sonar monótono. ¡La clave es decir cada palabra y ser serio! No tienes que mirarte al espejo ni nada, simplemente di la oración oralmente para que pueda escucharla y decirla al mismo tiempo.

Aprendiendo a perder peso de forma permanente, siempre está ayudándose a implementar una variedad de herramientas de motivación para garantizar el éxito. Si tu mente está en el lugar correcto, tu cuerpo te seguirá. Trate de pensar en algo personal y tangible que le recuerde sus metas y esfuerzos. Por ejemplo, mientras está en el trabajo, puede comprar un plato. El tipo reflectante que se usa en casas funciona bien porque son más grandes y más distintivos.

Elija el número que corresponda a la cantidad de libras que desea perder en una semana. No se recomienda utilizar pegatinas para indicar su peso objetivo en caso de que alguien más las vea. Coloque la pegatina en un lugar donde pueda encontrarla fácilmente. ¡Estos consejos motivadores pueden ayudarlo a perder peso de forma permanente si usa hipnosis o hipnoterapia para que pueda vivir una vida más saludable!!

CAPÍTULO 8:

Estrategias para la Pérdida de Peso con Hipnosis

Mantener Fortaleza Mental

El manejo del estrés es la causa más frecuente de comer en exceso. Independientemente de si está consciente o no, la posibilidad es escandalizarse porque está preocupado por otros aspectos de su vida, como el trabajo, las relaciones personales y la salud de sus seres queridos.

La forma más fácil de reducir la ingesta compulsiva es controlar el estrés en la vida. Esta es una solución que no se puede lograr con una bolsa de propinas que pueda ayudar con situaciones estresantes.

Actividades como yoga, meditación, caminatas, escuchar jazz y música clásica se pueden disfrutar cómodamente. Haz lo que tengas que hacer para sentir que tienes el control de tu vida. Trate de acostarse a la misma hora todos los días y descansar lo suficiente. Si ha descansado bien, podrá afrontar mejor las situaciones estresantes.

Conecte Su Mente y Su Cuerpo a lo Largo del Tiempo

Puede sacar más provecho de sus sentimientos escribiendo un diario que le permita escribir lo que se le ocurrió, hablar sobre sus deseos y ver en retrospectiva luego de un episodio abrumador.

Tomarse un poco de tiempo al día para pensar en sus acciones y sentimientos puede tener un gran impacto en la forma en que aborda su vida.

Se honesto contigo mismo. Escribe sobre cómo te sientes acerca de cada aspecto de la vida y tu relación con la comida.

Tú también puedes sorprenderte. Puede llevar un registro de los alimentos que come a menos que esté obsesionado con cada pequeña cosa que come. A veces puedes escapar de la tentación si sabes que tienes que escribir todo lo que comes.

Tome Tiempo para Escuchar al Cuerpo y Conectarlo a la Mente

Si sabe lo que su cuerpo realmente le está diciendo, le resultará más fácil comprender lo que le provocará enojo y controlar su dieta. Escuche a su cuerpo durante el día y dele tiempo para tener una mejor idea de lo que realmente necesita o quiere.

Siga la regla de los 10 minutos antes de comer un bocadillo. Si tiene un deseo, no se lo conceda de inmediato, espere 10 minutos y observe lo que realmente está sucediendo. Pregúntese si tiene hambre o antojos. Si tiene hambre, debe comer algo antes de que aumente su deseo.

Si tiene un fuerte deseo pero está cansado, debe encontrar una manera de lidiar con ese sentimiento. Por ejemplo, sal a caminar o haz otra cosa para distraerte de tus deseos. Pregúntese si está comiendo solo porque está aburrido.

¿Estás buscando en la nevera solo porque buscas algo? En ese caso, busque la manera de mantenerse activo bebiendo un vaso de agua. Diviértete de vez en cuando.

Si tiene el deseo general de comer mantequilla de maní, coma una cucharada de mantequilla con una banana. Esto le permitirá llegar al fondo después de cinco días y no comerse todo el frasco de mantequilla de maní.

Mantenga hábitos saludables, coma comidas saludables tres veces al día. Esta es la forma más sencilla de evitar comer en exceso. Si no ha comido durante medio día, disfrutará todo. Lo importante es encontrar la forma de comer la comida sana que te gusta.

Entonces, en lugar de comer lo que realmente desea, siente que está cumpliendo con su deber a través de una comida aburrida y sin sabor, su comida debe ser nutritiva y deliciosa.

Siga este método:

Siempre coma en la cocina o en otro lugar designado. No coma ni siquiera frente a un televisor o computadora o incluso cuando esté hablando por teléfono. Hay menos oportunidades de disfrutar sin concentrarse en lo que come. Coma al menos 20-25 minutos con cada comida.

Esto puede parecer mucho tiempo, pero evita que sienta cuando su cuerpo está realmente lleno. Hay una brecha entre el momento en que tu cuerpo está realmente lleno y el momento en que te sientes lleno, por lo que si muerdes un poco más de tiempo, serás más consciente de cuánto comes.

Cada comida necesita un comienzo y un final. No se mueva durante 20 minutos mientras cocina la cena. Además, no coma bocadillos mientras prepara bocadillos saludables. Necesita comer tres tipos de alimentos, pero debe evitar los bocadillos entre comidas, evitando opciones saludables como frutas, nueces y verduras.

Consuma comidas y snacks en platos pequeños con tenedores y cucharas pequeñas. Los platos y tazones pequeños te hacen sentir como si estuvieras comiendo más comida, y los tenedores y cucharas pequeñas te dan más tiempo para digerir la comida.

Manejo de Comidas Sociales

Al comer fuera de casa, es natural aumentar la tendencia a relajarse porque se siente menos controlado que en el entorno normal y las opciones de dieta normales. Sin embargo, estar fuera no debería ser una excusa para disfrutar de comer en exceso.

También debes encontrar formas de evitarlos, incluso si estás en un entorno social o rodeado de comida deliciosa. Siga este método:

Refrigerio antes de la salida. Al comer la mitad de la fruta y la sopa, puede reducir su apetito cuando está rodeado de comida. Si se encuentra en una zona con snacks ilimitados, cierre las manos.

Sostenga una taza o un plato pequeño de vegetales para evitar comer otros alimentos. Si está en un restaurante, consulte el menú para ver opciones más saludables. Trate de no dejarse influir por sus amigos. Además, si tiene un gran problema con el consumo de pan, aprenda a decir "No agregue pan" o coma dulces de menta hasta que tenga una comida.

Evite la Tentación

Otra forma de evitar comer en exceso es mantenerse alejado de situaciones que pueden llevarlo a hacerlo. Tomar medidas para evitar comer en exceso cuando sale de casa tiene un impacto significativo en cómo maneja sus antojos. Esto es lo que debes hacer:

Intente dedicar más tiempo a actividades sociales que no impliquen comer. Salga a caminar o camine con amigos, o reúnase con amigos en un bar que sepa que no sirve comidas. Si vas a una fiesta familiar que sabes que estará llena de deliciosa comida y postres, elige una opción baja en calorías o saludable.

Trate de escapar de los alimentos poco saludables cuando esté en una fiesta. Modifique la rutina según sea necesario. Elimina o guarda solo un poco de snack no saludable en casa. No queremos sacar todos los snacks no saludables de casa e ir a las tiendas donde venden a medianoche.

Realice una Rutina de Ejercicios que le Guste

El ejercicio no solo te hará sentir más saludable, sino que también mejorará tu salud mental y te hará sentir más en control de tu cuerpo. El truco para hacer ejercicio es hacer algo que realmente te guste en lugar de sentir que estás haciendo ejercicio para compensar los atracones.

El ejercicio debe ser divertido, no una tortura. No hagas nada que odies. Si odia correr, caminar o ir de excursión, busque una nueva actividad, como bailar salsa, Pilates o voleibol. Te divertirás haciendo algo que realmente te guste y obtendrás más salud en el proceso. Busque un gimnasio o haga ejercicio con un amigo. Tener un amigo que trabaje contigo hará que tu entrenamiento sea más divertido y te hará sentir más motivado.

Tips

No haga dieta. Lo más probable es que la dieta te haga sentir restringido y consumido por tus antojos. En cambio, concéntrese en mantener un estilo de vida saludable.

Primero, consuma alimentos más saludables. Si está en una fiesta, comience con algunas entradas saludables, que disminuirán su apetito y harán que sea menos probable que disfrute de alimentos menos saludables más adelante. Nunca coma de pie. Tómese su tiempo para sentarse a comer y concentrarse en la comida.

Controle las porciones. Nunca coma nada del interior de una bolsa o caja o no sabrá cuánto está comiendo.

CAPÍTULO 9:

Creando tu Mentalidad Saludable

La pérdida de peso puede parecer una lucha abrumadora, utilizar afirmaciones de pérdida de peso para ayudarlo en el proceso puede simplificarlo. Deberíamos sentirnos libres de auditar este monstruoso resumen para ayudarlo con su propósito de pérdida de peso.

1.   Perder libras cae en su lugar sin ningún problema para mí.

2.   Estoy cumpliendo con alegría mis objetivos de pérdida de peso.

3.   Estoy perdiendo kilos cada día.

4.   Me encanta practicar de forma constante.

5.   Estoy comiendo alimentos que aumentan mi bienestar y prosperidad.

6.   Como justo cuando tengo hambre.

7.   Actualmente, me observo en mi peso óptimo.

8.   Me encanta el sabor de los alimentos sólidos.

9.   Estoy a cargo de la cantidad que como.

10.   Me siento recargado por hacer ejercicio; me hace sentir genial

11.   Me siento más en forma y más conectado a la tierra de forma más regular a través del ejercicio.

12.   Estoy alcanzando y manteniendo efectivamente mi peso óptimo.

13.   Amo y cuido mi cuerpo.

14.   Tengo derecho a tener un cuerpo delgado, sano y atractivo.

15.   Estoy aumentando constantemente la propensión a seguir una dieta inteligente.

16.   Estoy adelgazando constantemente.

17.   Me veo y me siento increíble.

18.   Doy los pasos necesarios para estar sano.

19.   Estoy felizmente re-imaginando con alegría el logro.

20.   Decido hacer ejercicio.

21.   Necesito comer alimentos que me hagan ver y sentirme bien.

22.   Soy responsable de mi bienestar.

23.   Amo mi cuerpo.

24.   Entiendo con hacer mi mejor cuerpo.

25.   Estoy practicando alegremente cada mañana cuando me despierto para poder lograr la pérdida de peso que necesito.

26.   Me estoy suscribiendo a mi programa de pérdida de peso cambiando mis patrones dietéticos de no saludables a completos.

27.   Estoy contento con cada parte que hago en mi esfuerzo extraordinario para perder peso.

28.   Constantemente estoy adelgazando y obteniendo más ventajas.

29.   Estoy construyendo un cuerpo atractivo.

30.   Estoy construyendo una forma de vida de bienestar enérgico.

31.   Estoy haciendo un cuerpo que me gusta y aprecio.

32.   Afirmaciones positivas para bajar de peso

33.   Los cambios en mis hábitos alimenticios están cambiando mi cuerpo.

34.   Me siento increíble ya que he perdido más de 10 libras en aproximadamente un mes y no puedo esperar conocer a mi compañera.

35.   Tengo el estómago a nivel.

36.   Controlo mi capacidad para decidirme sobre la comida.

37.   Con alegría estoy pesando 20 libras menos.

38.   Me encanta pasear de 3 a 4 veces por semana y hago prácticas de acondicionamiento, en todo caso, tres veces por semana.

39.   Bebo ocho vasos de agua al día.

40.   Como alimentos de hoja todos los días y como, en su mayor parte, pollo y pescado.

41.   Estoy aprendiendo y utilizando las aptitudes psicológicas, apasionadas y de otro mundo para el progreso. ¡Lo cambiaré!

42.   Haré nuevas contemplaciones sobre mí y mi cuerpo.

43.   Aprecio y valoro mi cuerpo.

44.   Es energizante encontrar mi marco de ejercicio y nutrición excepcional para perder peso.

45.   Soy un ejemplo de pérdida de peso de cómo superar la adversidad.

46.   Estoy encantado de tener el peso perfecto para mí.

47.   Es sencillo para mí seguir un plan de alimentos integrales.

48.   Decidí captar las contemplaciones de la confianza en mi capacidad para desarrollar mejoras positivas a lo largo de mi vida.

49.   Se siente genial mover mi cuerpo. ¡El ejercicio es agradable!

50.   Utilizo la respiración profunda para ayudarme a relajarme y manejar la presión.

51.   Soy una persona encantadora.

52.   Tengo derecho a tener mi peso óptimo.

53.   Soy un individuo adorable. Merezco el amor. Está bien que pierda peso.

54.   Estoy muy cerca de alcanzar mi peso más bajo.

55.   Pierdo la necesidad de reprender a mi cuerpo.

56.   Reconozco y aprovecho al máximo mi sexualidad. Está bien sentirse exótico.

57.   Mi digestión es increíble.

58.   Mantengo mi cuerpo con un bienestar ideal.

Estas afirmaciones de pérdida de peso lo ayudarán a adelgazar. Confío en que estas 50 afirmaciones sobre la pérdida de peso resultaron útiles. Intente marcar esta página para referencia futura.

Afirmaciones Positivas para la Reducción de Estrés

Es ineludible encontrar un nivel específico de preocupación en la vida. En cualquier caso, los sentimientos de ansiedad que se mantienen altos la mayoría de las veces pueden afectar efectivamente la prosperidad física y apasionada de un individuo.

Descubrir enfoques para controlar la presión es primordial para un bienestar y felicidad aceptables, y repetir afirmaciones positivas es un método útil para expandir los sentimientos de armonía interna. La examinación en curso ha supuesto que las afirmaciones positivas pueden retener los impactos de la presión e incrementar la capacidad de pensamiento crítico de un individuo y la ejecución de diligencias (J. David Creswell, 2013). Las afirmaciones positivas son explicaciones atractivas que te repites con seguridad. Estas preposiciones lo ayudan a imaginar y consolidar en su cerebro cómo debe responder y sentirse en circunstancias específicas o en general. Se hablan en el estado actual y reflejan las cosas que necesita encontrar en su vida.

Las afirmaciones positivas, repetidas para ti mismo con poder, pueden ayudarte a incrementar tu certeza y convicción de que puedes afrontar bien la vida y recibir todo lo que necesitas a cambio. Pueden lograr una menor sensación de ansiedad, una mentalidad más estable y un mejor bienestar.

¿Cómo Funcionan las Afirmaciones Positivas?

En caso de que esté pensando: "Parece poco realista que conversar conmigo mismo pueda cambiarme por completo", qué tal si lo consideramos así: cuando sentimos y seguimos adelante de manera positiva, la vida parece ir más fácilmente.

En el momento en que nos sentimos negativos con nosotros mismos, irritables y opuestos, las cosas parecen ir de manera ineficaz. Podemos participar en prácticas fastidiosas que hacen que las cosas salgan muy mal. La presión y el antagonismo interminables pueden incluso provocar problemas médicos.

Como tal, nuestras consideraciones impactan nuestras actividades, que influyen en nuestras condiciones.

Las afirmaciones positivas se dicen en el estado actual. Esto es algo difícil para personas específicas porque la preposición puede ser algo que no sienten directamente en ese momento. La clave es preparar tu cerebro para aceptarlo a través de la reiteración y, de esta forma, empezar a sentir los sentimientos relacionados con el reporte. En el momento en que eso ocurra, estará obligado a realizar las actividades que son importantes para lograr ese cambio positivo. Aquí hay dos modelos:

Necesitas perder algo de peso. Utiliza la afirmación, "Estoy sano y encantador". Sentirse atractivo y en forma hace que se sienta genial y lo anima a participar en horarios más fijos en lugar de disfrutar del bienestar y socavar los requisitos de comodidad.

Las transformaciones de bienestar que buscas, por ejemplo, la pérdida de peso, sucederán de manera más efectiva de lo que lo harían si te revelas a ti mismo algo más parecido a "Me sentiré encantado después de perder 10 libras".

Necesitas conseguir otra línea de trabajo y tienes una reunión. Utiliza la afirmación: "Estoy equipado para este puesto y el entrevistador ve mi valor".

Al entrar en la reunión, la fe en esta afirmación le permite actuar con normalidad y positividad. Si de alguna manera te dijiste a ti mismo: "¡Confío en conseguir este puesto! Preferiría no arruinar esta reunión", el estrés podría llevarlo a continuar de manera contrastante en la reunión, probablemente con más aprensión y con menos certeza; menos dispuesto a hacer demostración de sus aptitudes.

Como debería ser obvio, utilizar afirmaciones positivas para cambiar su idea, los ejemplos y los deseos pueden generar resultados positivos en su vida.

¿Cómo Puede Hacer que las Afirmaciones Positivas Trabajen Mejor para Usted?

Hay algunas cosas que pueden mejorar la intensidad de las afirmaciones positivas para disminuir sus sentimientos de ansiedad y expandir sus capacidades de adaptación.

Elija una afirmación positiva que se refiera a las reflexiones, los sentimientos o la buena vida que desea tener. Asimismo, podría mantenerse en contacto con uno (o varios) usted mismo.

Repítete la afirmación positiva unas cuantas veces seguidas un par de veces al día. La redundancia puede ayudar a ofrecer la expresión cada vez más concreta en su cerebro.

Inhala profundamente varias veces seguidas antes de comenzar a recitar la afirmación. Concentre su psique en las palabras que está repitiendo en lugar de lo que sucede a su alrededor.

Repítete la afirmación a ti mismo en ocasiones cuando tu cerebro esté cada vez más relajado, por ejemplo, justo después de despertarte o mientras te quedas dormido. Suele ser más fantástico repetir una afirmación positiva con delicadeza mientras te quedas dormido.

Afirmaciones Positivas para Liberar Estrés

Junto con las afirmaciones positivas diarias y el aumento significativo de la inspiración en su vida, aquí hay algunas declaraciones increíbles que pueden ayudarlo explícitamente a descargar la presión inmediatamente cuando se sienta dominado. Tómate unos segundos para inhalar profundamente y repetir una de estas afirmaciones un par de veces.

Visualízate a ti mismo, descargando la presión de tu psique y la tensión de tu cuerpo con cada exhalación. Aquí hay un par de afirmaciones entre las que puede elegir:

1.   Estoy contento, tranquilo y liberado del estrés.

2.   Soy una persona positiva que atrae cosas positivas a mi vida.

3.   Estoy preparado para afrontar esta circunstancia con éxito.

4.   Mi cuerpo y mi psique se sienten tranquilos.

5.   Constantemente suceden cosas útiles.

6.   Irradio un sentimiento de prosperidad y hago que otros en mi calidad se sientan bien y bien consigo mismos.

7.   Sentirme liberado es mi estado normal.

8.   Me siento liberado en el mundo porque es útil para mi bienestar.

9.   Estoy a cargo de mi vida y decido sentirme tranquilo.

10.   Estoy seguro de mi vida y de mis capacidades.

11.   Me perdono por los pasos en falso que he cometido anteriormente y me he beneficiado de ellos.

12.   Hay algunas cosas que no puedo cambiar, y estoy de acuerdo con eso.

13.   Decido descargar los sentimientos de estrés y aferrarme a consideraciones felices.

14.   Esta circunstancia pasará, por lo que decido manejarla sin problemas.

15.   Considero que las dificultades son ejercicios de vida para saber más y ser un individuo superior.

16.   Soy una persona decente que merece satisfacción, bienestar y armonía.

Cuanto más se repita estas afirmaciones, más rápida y viable le ayudarán a descargar la presión cuando sea necesario.

CAPÍTULO 10:

Cómo Mantener Hábitos Alimenticios en Tu Vida

S i cree que lo que le receto es solo una dieta, se equivocó. Los expertos han dicho durante mucho tiempo que para mantener el peso, las personas deben realizar cambios a largo plazo en su dieta y niveles de actividad.

Según los CDC, quienes pierden peso a un ritmo de una a dos libras por semana tienden a mantener el peso perdido con más éxito. Además, enfatizan lo importante que es tomar medidas para asegurarse de mantener la pérdida de peso.

La hipnosis es diferente a las "dietas" normales porque no promueve cambios temporales. La hipnoterapia te ayuda a resistirte a volver a tus viejas costumbres, pero eso no significa que no tengas que seguir esforzándote. La hipnosis inculca una tendencia hacia el cambio a largo plazo, pero si no luchas por mantener ese cambio, volverás a ser como antes.

En consecuencia, tome los mensajes que aprenda a través de la hipnosis y refuércelos tanto como pueda después de que haya terminado la hipnoterapia. Puede continuar usando guiones por su cuenta si desea asegurarse de mantener el progreso.

Demasiadas personas vuelven a su peso original después de perder peso. Solo entre el diez y el veinte por ciento de las personas mantienen su peso y no regresan a su peso original o más después de perder peso.

Este peso a menudo se recupera en cinco años, a veces en tan solo unas semanas, dependiendo de cuánto haya perdido. Por lo tanto, si no permanece consciente de sus hábitos, puede comenzar a incorporar esos que había abandonado.

Lleve a cabo todos los cambios que ha realizado incluso después de haber dejado la hipnoterapia. Probablemente no desee continuar con la hipnoterapia para siempre, pero debe mantenerse al día con todos los cambios dietéticos, físicos y mentales que ha realizado en este viaje porque son vitales para su bienestar y felicidad en general. No dejes que este viaje termine volviendo a ser quien eras. Continúe en su camino de crecimiento.

Tienes que seguir luchando por tu salud, y cuando estás estresado o ansioso, hacer esto puede ser difícil, pero el mantenimiento de tu salud no tiene fin. Eso es algo que tendrás que hacer por el resto de tu vida.

No puede evitar el esfuerzo requerido para mantener su nuevo peso, pero se vuelve más fácil con el tiempo. Te acostumbras a los cambios, y los cambios eventualmente se sienten tan naturales que son increíblemente fáciles de seguir.

No Olvides por Lo Que Has Luchado

Nunca olvides el esfuerzo que realizas una vez que alcanzas tu peso ideal. Debe recordar el tiempo y la energía que invirtió para sentirse motivado a no volver atrás. No querrás perder tu progreso y empezar de nuevo. Por lo tanto, nunca olvide esa lucha y cuando quiera volver a los viejos hábitos, recuerde cuánto tiempo le tomó perder peso y también recuerde el dinero que pagó para mejorar (¡porque nadie quiere pagar más dinero del que necesita!). No necesita retroceder y tiene las habilidades para seguir avanzando.

Tenga a mano una foto de su antiguo yo. Puede sacar esta imagen cuando necesite un recordatorio visual de lo lejos que ha llegado. Recuerda a ese adulto pasado y ten en cuenta que ya no quieres serlo otra vez. Te has convertido en una persona que te hace más feliz y no hay necesidad de sabotear esta versión mejorada de ti. Respeta tu crecimiento personal amando a la persona que eras sin querer seguir siendo esa persona. Estabas bien tal como lo estabas en el pasado, pero tu yo cambiado se siente mejor, y esa es la diferencia.

Recuerde lo mal que se sentía antes de hacer un cambio. ¡Querías cambiar por una razón! No se sentía cómodo con usted mismo antes de hacer el cambio, por lo que nunca debe olvidar que cambió por una razón. Querías crecer como persona, y lograste este objetivo soñando con un yo mejor y trabajando para hacer de esa persona una realidad.

Piense en lo mejor que se siente ahora que ha realizado un cambio. ¿No se siente estimulante tomar un problema y observar cómo mejora gradualmente? Por supuesto que sí, así que toma ese sentimiento victorioso y llévalo contigo siempre que te ataque la tentación. Cuando quiera comerse una bolsa entera de papas fritas, piense en cuan mejor se sentiría si no hiciera eso.

Prométete a ti mismo que nunca vas a retroceder. Repítete este mensaje todos los días si es necesario porque si te dices a ti mismo que no sucederá, es probable que tu cerebro escuche. Tienes que seguir avanzando o terminarás dando vueltas en círculos de insatisfacción. Puede ser muy fácil quedarse atascado en el pasado y dejar que todo lo que te atrajo tenga una falsa sensación de seguridad, pero al confiar tanto en el pasado, perderás de vista el presente, y perderás gran parte de la felicidad que podrías tener al no ver todas las cosas hermosas que están justo frente a ti.

Sepa que el futuro es suyo para que lo tome. Tú decides cuál quieres que sea tu futuro y lo construyes. Hay algunas variables en la vida sobre las que no tienes poder, y esas cosas pueden ser aterradoras y hacer que no quieras pensar en el futuro. Te lastimas, la gente muere, cambias de trabajo, etc. Mucho cambiará en el futuro de formas que no puedes predecir, pero tienes el poder de tomar esos cambios de manera positiva o negativa. Cualquier cambio se puede utilizar para mejorar de alguna manera. Solo tiene que determinar cómo utilizará ese cambio a su favor.

Elija opciones saludables. Una vez que haya perdido peso, no se le permite dejar de comer alimentos ricos en nutrientes. Su cuerpo todavía necesita frutas, verduras, grasas saludables, proteínas y cereales integrales tanto como antes. No empiece a recurrir a alimentos con calorías vacías para las comidas. Continúe haciendo comidas bien balanceadas y comiendo alimentos que sean buenos para su cuerpo y que le darán la energía que necesita para pasar el día.

Siempre atienda sus necesidades emocionales y físicas. Estas necesidades deben anteponerse a cualquier otra cosa. Prioriza lo que tu cuerpo quiere de ti y deja que tu cuerpo sea apreciado en lugar de degradado. Atender sus necesidades le indica a su cuerpo que lo está cuidando, lo cual reducirá sus antojos de ciertos alimentos y comportamientos poco saludables que lo han perseguido en el pasado. Continúe practicando la alimentación consciente y sea consciente de sus emociones para asegurarse de no descuidar su cuerpo o mente.

Has trabajado tan duro para progresar, que te haría sentir como la peor persona del mundo volver a esos cambios una vez que finalmente hayas alcanzado tu meta de pérdida de peso. En consecuencia, debe recordar lo lejos que ha llegado para que la victoria por haber perdido peso esté siempre fresca en su mente. Siéntete orgulloso de tu progreso, lo suficientemente orgulloso de ser responsable de mantener ese progreso incluso cuando sea difícil hacerlo (porque algunos días serán más difíciles que otros).

Mantente Activo

Los humanos necesitan actividad. Es importante seguir haciendo cosas y logrando metas físicas incluso si ya alcanzó su peso ideal. Una vez que haya perdido peso, es posible que pueda disminuir la actividad, pero dejar de estar activo por completo perjudicará su salud física y emocional. El aburrimiento es una de las principales razones por las que las personas comen en exceso, así que manténgase ocupado para evitar los peligros de no tener nada que hacer más que comer mientras mira televisión.

Continúe con su actividad física. Si ha encontrado actividades físicas que le encantan, no las deje una vez que haya alcanzado su peso ideal. Continúe permitiendo que mejoren su vida y lo lleve a ser una persona más feliz y saludable. Manténgase en sintonía con las necesidades de su cuerpo y encuentre el poder en todas las cosas maravillosas que su cuerpo puede hacer.

Desafíe la actividad que ya realiza y trate de seguir esforzándose. Apuesto a que puedes estar haciendo más de lo que ya haces. No dejes que tu régimen de ejercicios se estanque. Sigue impulsando tus habilidades y fortaleciendo tu cuerpo. Nunca debes estar contento con cómo estás ahora. Siempre puedes hacer más y mejorar tu condición física.

Mantenga pasatiempos que le traigan satisfacción. Los estudios han demostrado que los pasatiempos son buenos para la salud y reducen el estrés. Estos pasatiempos no tienen que ser físicos, pero mantenerlos te dará un propósito y los proyectos te ayudarán a mantenerte motivado. Necesita tener salidas para su energía creativa, que se pueden encontrar a través de pasatiempos. Sus pasatiempos deben ser recreativos y no tener nada que ver con su trabajo u otras responsabilidades. Pasatiempos como construir modelos, escribir o dibujar son solo algunas de las opciones ideales que la gente debe considerar. Algunos de los pasatiempos más comunes son los juegos, coleccionar cosas, actividades al aire libre o construir cosas. ¡Las posibilidades son infinitas!

Sea mentalmente activo. Encontrar actividades que desafíen a tu cerebro puede ser una buena forma de mantenerte ocupado. Quizás te guste completar rompecabezas. Quizás te guste escribir historias. Quizás te guste resolver acertijos. Quizás te guste leer libros. Sea lo que sea que mantenga su mente activa, hágalo. Tu cerebro es un músculo y puedes entrenarlo como lo haces con otras partes de tu cuerpo, así que no descuides tu cerebro. ¡Se aburrirá si no lo mantiene alerta!

Pasa tiempo con personas que te hagan sentir bien contigo mismo. Mantenga amistades de calidad una vez que haya perdido peso. No busque personas que solo lo acepten porque ha perdido peso o que lo harán sentir mal consigo mismo. Elija pasar su tiempo con personas que lo mantendrán involucrado en sus relaciones y que se sienta seguro de esas amistades. Las personas que lo apoyan son tan importantes tanto cuando mantiene su peso como cuando lo pierde.

Estar activo es una de las mejores formas de mantener su peso, y no importa qué métodos elija para mantenerlo ocupado, pero trate de mantener varias cosas que lo mantengan fuerte y busque oportunidades que lo hagan feliz y seguro en su posición en la vida. Estar activo te ayudará a evitar los malos hábitos.

CAPÍTULO 11:

Cómo Usar la Hipnosis para Cambiar los Hábitos Alimenticios

Es impráctico para cualquiera de nosotros creer que debemos ser conscientes de cada bocado o incluso de cada comida que consumimos. Las demandas del trabajo y la familia a menudo implican que coma sobre la marcha o que tenga solo una pequeña ventana durante el resto del día para comer algo o enfrentarse a la inanición. Pero aunque no pueda ceñirse a una práctica rigurosa de alimentación consciente, puede resistirse a comer sin sentido y seguir las advertencias del cuerpo. Antes de consumir una comida o un refrigerio, tal vez debería tomar algunas respiraciones profundas y considerar en silencio lo que traerá a su estómago. En reacción a las señales de hambre, ¿se está alimentando por necesidad o se está alimentando como reacción a una señal emocional? ¿Estás aburrido o nervioso o solo, quizás?

Del mismo modo, ¿está consumiendo alimentos nutricionalmente equilibrados o está consumiendo alimentos reconfortantes para la mente? Aunque, por ejemplo, tenga que alimentarse en su lugar de trabajo, ¿se tomará un par de minutos en lugar de realizar múltiples tareas o ser interrumpido por su pantalla o teléfono para concentrar toda su energía en la comida? Piense en la alimentación consciente como un ejercicio: cuenta hasta el último detalle.

Cuanto más haga para calmarse, reflexionar únicamente sobre el proceso de alimentación y responder a su cuerpo, más disfrute podrá sentir de sus comidas y más influencia podrá tener con respecto a su dieta y comportamientos dietéticos.

Explorar tu Relación con la Comida Utilizando el Mindfulness

La comida afecta drásticamente su bienestar, ya sea consciente de ello o no. La forma en que se siente físicamente, reacciona emocionalmente y se las arregla mentalmente puede verse influenciada. Puede mejorar su energía y perspectiva, o puede agotar sus activos y hacer que se sienta cansado, de mal humor y desanimado.

Todos estamos de acuerdo en que se puede consumir azúcar, alimentos refinados y más bayas y verduras. Porque si fuera necesario reconocer las "leyes" de una vida segura, ninguno de nosotros tendría sobrepeso ni sería adicto a la comida rápida. Sin embargo, una vez que coma deliberadamente y se sintonice más con el cuerpo, comenzará a sentir cómo varios alimentos lo afectan física, psicológica y emocionalmente. Y hará que la transición a mejores opciones para comer sea mucho más sencilla de realizar.

Para empezar, si sabe que cuando está agotado o estresado, la golosina dulce que desea simplemente lo deja sintiéndose mucho peor, es mejor controlar esos antojos y simplemente optar por un bocadillo saludable que mejore su energía y estado de ánimo. Cuando nos permite estar mentalmente aquejados, siempre nos enfocamos en cómo la comida nos hace actuar. La pregunta que debemos abordar no es: "¿Mi dieta me enferma?" Más bien, "¿Qué tan bien me va a hacer sentir?" En otras palabras, ¿cuánto más saludable se siente después de comer? Después de una comida o un refrigerio, ¿cuánta más energía y emoción tienes?

¿Cómo Te Hace Sentir Tu Comida?

Es importante tomar conciencia de cómo los distintos alimentos le hacen descubrir verdaderamente su relación con la comida. ¿Cómo se siente después de cinco minutos, una hora o unas horas de comer? ¿Cómo te va normalmente durante el día? Prueba el siguiente experimento para comenzar a observar la relación entre lo que consumes y cómo te hace sentir:

Sigue el Vínculo Entre la Comida y los Sentimientos

Coma con regularidad. Elija los ingredientes, las cantidades y los períodos que consume habitualmente, pero ahora enfatice lo que hace. Mantenga una lista durante las comidas de todo lo que consume, como snacks y golosinas. No se engañe a sí mismo; ya sea que lo escriba todo o lo siga en una aplicación, no lo recordará todo. Preste atención a las emociones físicas y mentales cinco minutos después de despertarse, una hora después de comer, dos o tres horas después de comer.

Observe si ha surgido un cambio o transición debido a la alimentación. ¿Está mejor o peor que antes de comer? ¿Te sientes lleno de energía o cansado? ¿Alerta o aburrido? Mantener un registro en su teléfono móvil o en un diario puede mejorar su comprensión de cómo las comidas y los refrigerios que ingiere influyen en su estado de ánimo y bienestar.

Experimentar con Diferentes Combinaciones de Alimentos

El método de comer se convierte en una práctica de escuchar su propio cuerpo hasta que pueda relacionar sus preferencias alimentarias con su bienestar físico y mental. Por ejemplo, puede notar que se ve lento y letárgico durante horas después de consumir carbohidratos. Los alimentos con alto contenido de carbohidratos, entonces, es algo que intenta prevenir. Por supuesto, debido a influencias como la genética y el estilo de vida, múltiples alimentos nos impactan a todos de manera diferente. Por lo tanto, encontrar los alimentos y las variaciones de alimentos que funcionan mejor para usted puede requerir un poco de prueba y error. El siguiente ejercicio le ayudará a aprender cómo las combinaciones y cantidades de alimentos influyen en su bienestar:

Mezclar y Combinar Diferentes Alimentos

Comience a experimentar con su comida:

- Empiece a consumir menos cosas con más frecuencia o menos comidas.

- Dedique dos o tres días a eliminar la carne de su dieta, en caso de que consuma carnes.

- O tal vez debería eliminar las carnes rojas, pero debería agregar aves y pescado.

- Elimina de tu dieta estos alimentos: sal, cafeína, azúcar o pizza, por ejemplo, para ver si esto influye en cómo te sientes.

- Juegue con combinaciones de alimentos. Trate de consumir comidas con carbohidratos, proteínas, carne o vegetales únicamente.

- Mantenga una nota cuando juegue en sus patrones dietéticos con todo lo que nota en usted mismo. La consulta que busca abordar es: "¿Qué hábitos alimentarios llevan al valor de mi vida y qué desvía la atención de eso?" Durante dos o tres semanas, comience a jugar con múltiples estilos, proporciones y cantidades de comida, controlando cómo se siente psicológica, física y emocionalmente.

Comer para Llenar un Vacío vs Comer para Mejorar su Bienestar

Aunque la comida influye sin lugar a dudas en cómo te sientes, sigue siendo bastante cierto que el cuándo, dónde y cuánto consumes también afectan cómo te sientes. Muchos de nosotros a veces confundimos los sentimientos de miedo, fatiga, aislamiento o frustración con hambre y usamos la comida para lidiar con estas emociones. El dolor que experimentas te dice que deseas más y necesitas algo en tu vida para llenar un vacío. Una amistad más fuerte, una carrera más gratificante o un deseo espiritual podrían ser la necesidad. Sin embargo, como continuamente desea llenar los vacíos con comida, eventualmente olvida su verdadero anhelo.

Te volverás consciente de cuánto tiene poco que ver tu ingesta de alimentos con el hambre real y todo con la satisfacción de un deseo emocional mientras practicas la alimentación consciente, y tu conocimiento aumentará. Cuando se siente y se alimente, pregúntese: "¿De qué tengo hambre?" Ya que tienes mucha hambre o tienes alguna excusa, ¿estás esperando un "poquito para picar"?

Llenarte de comida y saturarte te ayudará a ocultar lo que realmente quieres, pero solo por un momento. Y entonces volvería la verdadera necesidad o hambre. Practicar la alimentación consciente te ayuda a calmarte, reflexionar sobre el momento y comprender lo que realmente pensaste. Y cuando te preguntas con frecuencia: "Después de una comida o un snack, ¿qué tan bien me siento?" Comenzará la fase de adquirir conocimiento de sus necesidades dietéticas.

Tomar Respiraciones Profundas Antes de Comer

La respiración también puede ayudar a aliviar el hambre, sobre todo cuando la comida no es especialmente hambre. El oxígeno alimenta nuestro cuerpo, y la energía y la sensación de bienestar se verán reforzadas al respirar profundamente. También alivias el estrés y la tensión, típicos imitadores de la falsa hambre, cuando respiras profundamente.

8 Hábitos Conscientes que Practicas Todos Los Días

1. Sentarse en la Mañana

Se ofrece una oportunidad fantástica para el Mindfulness (también llamado atención plena o conciencia plena) en la mañana. El día recién comienza, es tranquilo y agradable, y es posible que tenga algunos recuerdos para usted. Disfruto esperar un par de minutos en lugar de saltar de la cama y seguir la rutina matutina. Solo hablo de ser feliz por el día y estar en el momento. Es posible que solo desee relajarse en el sofá y concentrarse en la respiración sincronizada, o también puede tener lugar la meditación. Noto que hacerlo me permite comenzar con el marco mental correcto todos los días.

2. Comer Conscientemente

¿Cuál fue el último momento en que disfrutó de una comida? Eso es fácilmente comprensible. Tu vida es complicada y, como resultado, comer ha sido algo que se ha logrado de pasada. Tenemos cadenas de comida rápida que también podemos recorrer y consumir mientras viajamos. Alternativamente, le animo a que intente reducir la velocidad, prepararse la comida para usted y comer deliberadamente.

Elija alimentos enérgicos con una selección de matices, texturas y sabores diferentes. Tómese el tiempo para masticar realmente cada bocado y disfrutarlo. Para la digestión, hacerlo es más saludable y puede ser un período divertido y relajante. Muchos de nosotros llevamos las distracciones a la mesa como un punto extra. Algunas personas ven televisión, otras aprenden y es posible que otras no puedan dejar el teléfono.

3. Pase Tiempo al Aire Libre

Otro enfoque para obtener la atención plena sería invertir un poco de tiempo al aire libre y no es necesario dirigirse a un lugar lejano para lograr los efectos óptimos. Todo lo que necesita hacer es dar un paseo por su vecindad. Será el lugar ideal para estar en contacto con la naturaleza e interactuar con el momento presente, ya sea que tengas hermosos senderos, parques o áreas verdes. Observe lo que ve en su caminata, cómo se siente con el clima, lo que escucha y lo que huele.

4. Medite

El arte del Mindfulness es la meditación. Aprovechas la oportunidad para interactuar con tu mente cuando meditas. Requiere algo de tiempo aprender a respirar de forma controlada y silenciar todo el ruido, pero puede ser útil en muchos aspectos. También puede ser útil para relajarse y controlar el estrés y ser un período de atención plena.

5. Enfóquese en una Tarea a la Vez

Es casi natural suponer que lograr todo a la vez es más fácil, pero no es real. No le presta a cada uno de ellos la atención que necesita dividiendo la energía en varias actividades. Los estudios también muestran que la multitarea aumenta la probabilidad de errores, ya que lleva más tiempo que completar cada actividad de forma individual. Tomar un trabajo a la vez y concentrarse en la misión en cuestión. Tómate un breve descanso cuando hayas terminado y luego continúa con la siguiente misión. Es una forma más cómoda y consciente de lograr las cosas, y es de esperar que la eficiencia aumente.

6. Sentir los Sentimientos

No debes evitar tus sentimientos mientras estás en proceso de atención plena o Mindfulness. En el momento, parte de la vida es exactamente lo que es. Puede implicar emoción a veces, pero no querrás seguir impulsando emociones positivas o evitar una reacción emocional real. Quizás, debido al momento, solo necesitas reconocer los sentimientos negativos. Acepte la deshonestidad, los celos, el dolor, la frustración, etc. como lo que son y permítase sentirlos. Debe ser consciente de cómo reacciona a las emociones, pero aceptarlas por lo que son es seguro.

7. Crear Algo

Esta también será una forma exitosa de ejercitar el Mindfulness si tienes un pasatiempo artístico. Tu lado artístico es consciente de su esencia, ya sea que quieras dibujar, pintar, crear o tomar fotografías. La práctica del Mindfulness, como beneficio adicional, inspirará imaginación. Puede notar que pensamientos frescos e innovadores vienen a usted más rápidamente mientras está de paseo o meditando.

8. Involúcrese en Actividades Físicas que le Apasionen

Cuando hacemos algo que amamos y que necesita la concentración del cuerpo y la mente, es más fácil estar plenamente atento. Surf, baloncesto, fútbol o ciclismo, por ejemplo. Puede significar un objetivo perdido o malgastado si olvida su Mindfulness al participar en estas prácticas. Puede dedicar tiempo a participar plenamente buscando una actividad que disfrute y que pueda enseñarle cómo llevar esa consciencia plena a otros aspectos de la vida. Sentirás que has logrado un tipo diferente de poder sobre tu vida porque estás más atento y en el momento. Te ayudará a lograr una satisfacción general que no sea tan temporal. Consulte cualquiera de estas estrategias para ver la diferencia que puede crear la atención plena.

Conclusión

Este proceso requiere fuerza de voluntad, fortaleza y disciplina. Asegúrese de poder incorporarlos a su vida para ver los resultados con los que solo ha estado fantaseando en el pasado. Combina esto con otros libros de meditación para obtener una variedad de entrenamiento cerebral que te mantendrá enfocado en tus sueños más grandes.

Su actitud puede ser una de esas cosas importantes que le impiden alcanzar sus objetivos de acondicionamiento físico. Tener un momento de entusiasmo saludable no es necesario para una pérdida de peso sostenible.

Bajar de peso es sin duda una meta asombrosa, pero es extremadamente difícil de alcanzar si no hay una buena motivación que lo anime a seguir adelante.

Es absolutamente necesario algo de tiempo para alcanzar ese peso ideal, tanto tiempo como esfuerzo, y para motivarse en esta travesía, la mejor idea es adoptar el diálogo interno positivo.

Necesita recordar todos los increíbles beneficios para la salud de perder peso, como sentirse con más energía, sentirse mejor consigo mismo, dormir mejor y mucho más.

Además de recordarte todos los increíbles beneficios que trae para la salud el perder peso, otra gran idea es llevar un diario de triunfos en el que escribirás cada paso que hayas dado y logrado.

De esta manera, es más probable que se mantenga comprometido con su viaje de pérdida de peso. Para aumentar su compromiso, también debe aceptar algunas afirmaciones positivas y un diálogo interno positivo que lo mantendrá en movimiento.

Por lo tanto, la próxima vez que te mires en el espejo, en lugar de decirte a ti mismo "Nunca estaré delgado y simplemente me rendiré", di "esto va a ser increíble, perder esos cinco libras se siente genial y seguiré adelante".

Ambas afirmaciones son un diálogo interno, pero la primera es un diálogo interno extremadamente negativo, mientras que la segunda es un diálogo interno positivo.

Estas son declaraciones o pensamientos automáticos que debe hacerse conscientemente. El diálogo interno positivo es un paso extremadamente importante, ya que puede influir en cómo actúa o cómo se siente.

En lugar de decirse a sí mismo declaraciones negativas, adopte las afirmaciones positivas que vengan con alguna idea constructiva.

Una vez allí, su diálogo interno positivo puede actuar como su propio ángel de la guarda personal que destruye ese diablo molesto y destructivo que ha estado sentado en su hombro impidiéndole alcanzar sus metas.

Lo último en Hipnosis para la Rápida Pérdida de Peso para Mujeres

Si ha luchado para mantenerse en el camino correcto en el pasado, esto se debe principalmente a ese molesto diálogo interno negativo que, una vez allí, trae fracaso, por lo que es más probable que se rinda.

Por esta razón, diga sí al diálogo interno positivo. Lo más poderoso de adoptarlo es que esas afirmaciones positivas y declaraciones positivas que te dices tienden a quedarse en tu mente, por lo que estás rodeado de sentimientos y pensamientos positivos.

Para comenzar a practicar el diálogo interno positivo, debe comenzar a escuchar lo que está sucediendo en su mente y reconocer sus sentimientos, deseos y miedos, ya que estos influyen en su viaje de pérdida de peso.

La mejor idea es llevar un diario de pérdida de peso donde anotarás lo que comiste ese día, cuántas horas hiciste ejercicio y tus sentimientos y pensamientos a lo largo del día.

Si algunas declaraciones negativas están dando vueltas en su cabeza, asegúrese de escribirlas. Una vez que las haya escrito, debe convertirlas en afirmaciones o en un diálogo interno positivo donde en lugar de "No puedo" o "No quiero", diga "Puedo" y "Lo haré".

A medida que adopta el diálogo interno positivo, es más probable que se mantenga en el camino correcto. Además, a medida que transforma su diálogo interno negativo en un diálogo interno positivo, también puede cambiar su autodefinición única de una persona que no puede lograr algo a una persona que puede lograr cualquier cosa.

CPSIA information can be obtained
at www.ICGtesting.com
Printed in the USA
BVHW091046200521
607796BV00004B/609